KB093727

PYTHON
PROGRAMMING
FOR BEGINNERS

PYTHON
PROGRAMMING
FOR BEGINNERS
개념을 꼼꼼하게, 파이썬 프로그래밍

제이슨 캐넌 지음 | 현동석 옮김

i!i
에이콘

지은이 소개

제이슨 캐넌^{Jason Cannon}

1999년부터 유닉스와 리눅스 시스템 엔지니어로 일해 왔다. 제록스와 UPS, 휴렛팩커드, 아마존닷컴에서 꾸준히 리눅스를 사용했으며, 소규모 비즈니스에서부터 포춘지 선정 500대 기업에서 테크니컬 컨설턴트로 활동해 왔다.

CentOS와 레드햇 기업용 리눅스, 수세^{SUSE} 리눅스 기업용 서버와 우분투 관련 전문 경력도 있다. 개인 프로젝트에 데비안^{Debian}과 슬랙웨어^{Slackware}, 크런치뱅^{CrunchBang} 등의 여러 리눅스 배포판을 사용했으며, 리눅스 외에도 AIX나 HP-UX, 솔라리스를 비롯한 상용 유닉스 운영체제를 지원한 경험도 있다.

어떻게 하면 오픈소스 소프트웨어의 이점을 최대한 살릴 수 있을지에 대해 가르치는 것을 즐긴다. 『Linux for Beginners and Command Line Kung Fu』(Createspace, 2014)를 집필했으며, 블로그와 온라인 비디오 학습 강의를 제공하는 리눅스 트레이닝 아카데미의 설립자이기도 하다.

지은이의 말

새로운 기술을 배울 때 어려운 것 중 하나는 어디서부터 시작할지를 찾는 것이다. 주제가 방대하다면 더욱 그러한데, 어디서부터 시작해야 할지 갈피를 못 잡을 정도로 자료들이 매우 많을 때가 있다. 이보다 더 안타까운 경우는 일단 방향을 정해 놓고 시작했지만, 한꺼번에 너무 많은 개념과 프로그래밍 예제를 접하면서 설명되지 않은 미묘한 차이점을 만나는 경우다. 이렇게 되면 마음은 답답해지고 해답을 얻기보단 더 많은 질문거리로 머릿속이 복잡해지기 마련이다.

이 책은 여러분이 컴퓨터 프로그래밍이나 파이썬 언어에 대해 어떤 배경 지식도 없다고 가정한다. 책을 읽기 위해 미리 알아야 할 것이 없다는 의미다. 이 책은 여러분을 논리적이고 체계화된 방법으로 한 단계씩 이끌어 줄 것이며, 새로운 개념이나 코드 혹은 용어는 누구나 쉽게 이해할 수 있도록 쉬운 말로 설명해줄 것이다.

이 책을 선택한 것에 감사하는 마음으로 선물을 준비했다. 하나는 파이썬 에러 모음^{Common Python Errors}인데 파이썬 프로그래머들이 자주 저지르는 25가지 실수에 대한 해결책을 담고 있다.

다른 하나는 커닝 쪽지로 사용할만한 참조용 카드다. 파이썬 문법이나 자주 사용하는 옵션이 기억나지 않을 때 편리하게 사용할 수 있다. 또한, 이 책의 예제 코드 파일도 다운로드할 수 있다. 자료들은 책의 내용을 완벽히 보완해주는 동시에 여러분의 파이썬 여행에 큰 도움이 될 것이다.

이 자료들은 http://www.linuxtrainingacademy.com/python-for-beginners에서 다운로드할 수 있다(에이콘출판사의 도서 정보 페이지인 http://www.acornpub.co.kr/book/python-for-beginners에서도 다운로드할 수 있다).

자, 그럼 시작해보자.

옮긴이 소개

현동석 dongseok.hyun.ppfp@gmail.com

마이크로소프트 본사에서 분산 저장소와 코타나 서비스를 개발하다 귀국해 네이버 검색 시스템의 가시화 프로젝트를 진행 중이다. 개발과 디자인이 함께 어우러져 진행되는 일에 관심이 많으며 단순함과 간결함을 절대 포기하면 안 되는 미덕으로 여기는 개발자다. 에이콘출판사에서 펴낸 『버그 없는 안전한 소프트웨어를 위한 CERT C 프로그래밍』(2010)을 번역했고, 『HTML5 활용』(2010)을 공역했다.

옮긴이의 말

프로그래밍을 해볼까 하는 마음으로 이 책을 열어 서문을 읽는 독자라면 매우 환영합니다. 운전을 배워보려는 사람이 처음부터 레이싱 트랙에서 드리프트를 연습하지 않듯이 프로그래밍을 시작하는 사람이 처음부터 어려운 개념과 예제를 학습하지는 않습니다. 그럼에도 불구하고 초보자를 위한 프로그래밍 서적들을 보면 이러한 부분을 고려하지 않고 변수 선언부터 시작해서 클래스 정의로 내용을 끝내고 무신경하게 라이브러리 함수들을 부록으로 나열한 경우가 너무 많습니다.

걸음마를 뗀 아이가 비로소 달리는 연습을 시작할 수 있듯이 배우는 일에도 순서가 있지요. 이 책은 파이썬을 배워보려 하거나 프로그래밍을 시작하려는 분들에게 친절한 설명으로 기초를 다져줍니다. 책 내용에 대한 설명은 저자가 잘 작성해 주셨으니 읽어보시기 바랍니다.

이 책을 통해 프로그래밍을 배우고자 하는 분들에게 한 가지 조언을 드린다면, 책을 읽으면서 책에 나온 예제나 연습 프로그램을 반드시 따라해 보라는 것입니다. 프로그래밍 경력이 30년이 다 되어가는 저도 새로운 프로그래밍을 배울 때는 항상 옆에 터미널을 띄워 놓고 하나씩 실행해보며 학습합니다. 웹 페이지에서 파이썬 코드를 짜서 바로 실행할 수 있는 서비스도 있고 QPython처럼 안드

로이드 폰에서 파이썬 코드를 작성할 수 있는 앱도 있으니 이동 중이더라도 꼭 연습해보면서 읽어보기를 바랍니다.

프로그래밍은 이제 몇몇 전공자만 다루는 도구가 아닙니다. 개발 환경은 매우 편리해졌고 더욱 많은 분야의 사람들이 프로그래밍을 통해 실생활의 문제를 해결해가고 있습니다. 이러한 시대의 흐름에 맞춰 파이썬 프로그래밍을 시작한 여러분의 시도에 뿌듯한 결과가 있기를 희망합니다.

현동석

차례

들어가며_ 파이썬을 위한 환경 설정

파이썬 설치

파이썬 2와 파이썬 3 중 선택

프로젝트를 새로 시작하거나 단순히 파이썬을 배워보기로 했다면 파이썬 3을 강력히 추천한다. 파이썬 3.0은 2008년에 나왔고 현재 시점에서 파이썬 2.x 시리즈는 구식이기 때문이다. 하지만 아직도 파이썬 2로 만들어진 많은 프로그램들이 사용 중이며 여러분도 이 따금씩 만나게 될 것이다. 그리고 파이썬 2.7이 파이썬 2와 파이썬 3을 잇는 다리 역할을 해준다는 좋은 소식도 있다. 파이썬 3으로 만든 상당 수의 코드는 파이썬 2.7에서도 동작하지만 2.6 이하 버전에서는 수정 없이 동작하기는 어려울 것이다.

다시 말하지만 가능하면 최신 버전의 파이썬을 사용하자. 파이썬 2를 사용해야만 한다면 파이썬 2를 완벽히 지원하면서 파이썬 3과도 상당 부분 호환되는 파이썬 2.7을 사용하라. 파이썬 3과 호환되지 않는 서드파티 소프트웨어를 사용하는 프로젝트를 진행할 수도 있는데 이렇게 어쩔 수 없는 경우에만 파이썬 2를 선택하라.

윈도우에서의 설치

윈도우 운영체제에는 파이썬이 기본으로 설치되어 있지 않다.
https://www.python.org/downloads/release/python-341/
다운로드 페이지에서 자신의 환경에 맞는 버전을 다운로드하자. 다
운로드한 파일을 더블 클릭해 설치 작업을 시작한다.

Files

Version	Operating System	Description	MD5 Sum	File Size	GPG
Gzipped source tarball	Source release		26695450087f8587b26d0b6a63844af5	19113124	SIG
XZ compressed source tarball	Source release		6cafc183b4106476dd73d5738d7f616a	14125788	SIG
Mac OS X 32-bit i386/PPC installer	Mac OS X	for Mac OS X 10.5 and later	534f8ec2f5ad5539f9165b3125b5e959	22692757	SIG
Mac OS X 64-bit/32-bit installer	Mac OS X	for Mac OS X 10.6 and later	316a2f83edff73bbbcb2c84390bee2db	22776248	SIG
Windows debug information files	Windows		9ce29e8356cf13f88e41f7595c2d7399	36744364	SIG
Windows debug information files for 64-bit binaries	Windows		44a2d4d3c62a147f5a9f733b030490d1	24129218	SIG
Windows help file	Windows		6ff47ff938b15d2900f3c7311ab629e5	7297786	SIG
Windows x86-64 MSI installer	Windows	for AMD64/EM64T/x64, not Itanium processors	25440653f27ee1597fd6b3e15eee155f	25104384	SIG
Windows x86 MSI installer	Windows		4940c3fad01ffa2ca7f9cc43a005b89a	24408064	SIG

다운로드 페이지로 접속해서 아래로 스크롤하면 다양한 환경에 설
치할 수 있는 인스톨러를 받을 수 있는 표가 나온다. 여러분의 컴퓨
터에 맞는 인스톨러를 선택하면 되는데 이때 다음 두 가지를 고려
하면 된다.

1. 사용 중인 운영체제(윈도우, 맥OS, 리눅스)

2. 사용 중인 프로세서(32비트나 64비트)

예를 들어 64비트 윈도우 컴퓨터라면 Windows x86-64 MSI
installer를 내려받으면 된다. 링크를 클릭하면 인스톨러를 받을 수
있다. 잘못된 인스톨러를 받아서 실행하더라도 걱정하지 말라. 오류
메시지가 뜨면서 인터프리터의 설치가 중단되기 때문이다. 알맞은
인스톨러를 다시 받아서 실행하면 된다.

설치가 시작되면 계속 Next를 눌러 기본 설정으로 설치하면 된다.
'이 컴퓨터에 프로그램을 설치하시겠습니까'라는 질문이 나오면
Yes를 눌러 설치를 진행한다.

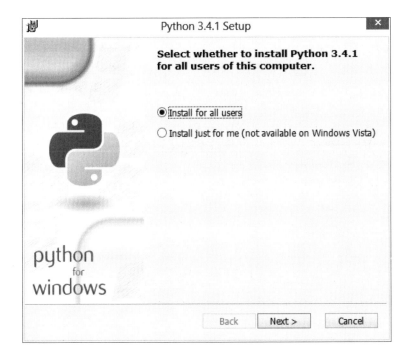

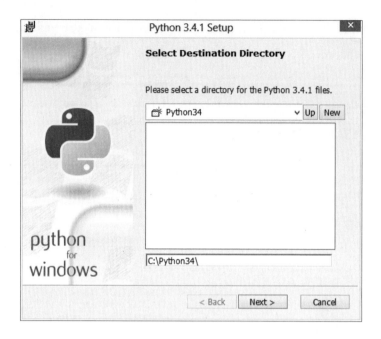

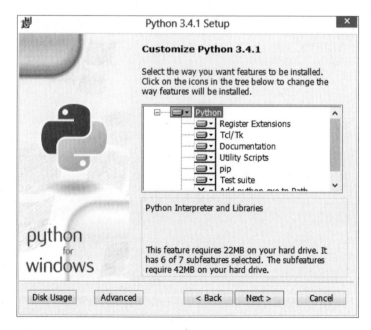

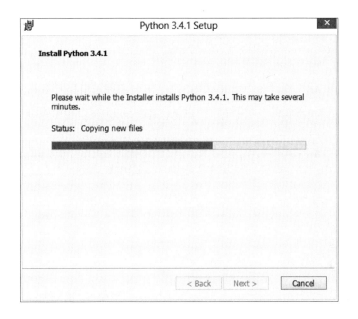

모든 파이썬 설치 작업을 마쳤다면 Finish를 클릭하여 설치 프로그램을 종료한다.

인터프리터를 성공적으로 설치했다면 바로 파이썬 코딩을 시작할
수 있다.

파이썬 인터프리터와 함께 설치되는 IDLE 프로그램을 사용해서 코
드를 작성해 보자. 우선 IDLE 프로그램을 실행한다. 일반적인 프로
그램과 같은 방식으로 실행할 수 있다. 예를 들어 윈도우 8의 경우
검색 상자에 "IDLE"을 입력하면 이 프로그램을 찾을 수 있다. 검색
결과에서 IDLE (Python GUI)를 클릭하면 IDLE이 실행되며 다음과 같
은 파이썬 셸을 볼 수 있다.

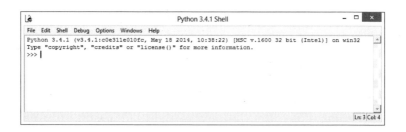

맥에서의 설치

이 책을 쓰는 시점에서 맥 운영체제는 파이썬 2를 기본으로 제공한다. 따라서 최신 버전의 파이썬을 사용하려면 다운로드한 후 설치해야 한다. https://www.python.org/downloads/release/python-341/ 다운로드 페이지에서 자신의 환경에 맞는 버전을 다운로드한 후, 다운로드한 파일을 더블 클릭하여 디스크 이미지를 열고 안에 있는 Python.mpkg 파일을 더블 클릭해 설치 프로그램을 실행한다.[1] 'Python.mpkg은(는) 확인되지 않은 개발자가 배포했기 때문에 열 수 없습니다.' 메시지가 나타나면 더블 클릭 대신 컨트롤을 누른 상태로 Python.mpkg를 클릭한다. 별도 메뉴가 나타나는데 여기에서 **다음으로 열기** 메뉴를 선택해서 **설치 프로그램.app(기본)**을 클릭한다. '열겠습니까'라는 확인 창이 뜬다면 **열기**를 눌러준다. 관리자 이름과 암호를 묻는다면 입력한다.[2]

---

1 맥에서는 윈도우와 달리 한글 메뉴로 설치가 진행된다. – 옮긴이
2 자신의 운영체제에 따라 32비트용 혹은 64비트 겸용을 설치해야 한다. 나는 python-3.4.1-macosx10.6.dmg를 다운로드했다. – 옮긴이

설치 프로그램 중에 나타나는 물음에는 모두 동의한다.

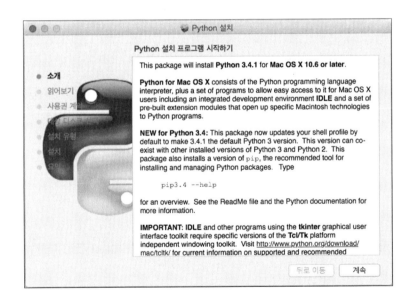

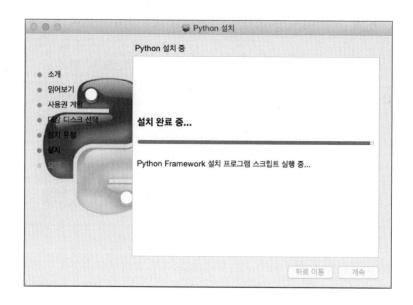

이제 애플리케이션 폴더 안에 파이썬 폴더가 있을 것이다. 파이썬 폴더 안에는 IDLE 링크가 있는데, 통합개발환경^{Integrated Development Environment}을 의미하며 이 외에 파이썬 문서 링크도 몇 개 있다. IDLE 로 파이썬을 시작하는 방법 외에 /Application/Utilities/Terminal 에 있는 터미널 애플리케이션을 열어 python3을 실행하는 방법도 있다. IDLE과 명령 행에서 파이썬 프로그램을 실행하는 방법에 대해서는 이 장의 후반부에서 다룬다.

```
[jason@mac ~]$ which python3
/Library/Frameworks/Python.framework/Versions/3.4/bin
/python3
[jason@mac ~]$ python3 --version
Python 3.4.1
```

리눅스에서의 설치

일부 리눅스에서는 파이썬 2가 설치된 채로 배포되지만 일반적으로는 파이썬 2와 파이썬 3이 모두 설치되어 있다. 설치 여부를 확인하려면 터미널 에뮬레이터 애플리케이션을 열어 명령 프롬프트에서 python --version과 python3 --version을 입력해본다. 대부분 python 명령이 파이썬 2에 연결되어 있고 파이썬 3은 python3 명령에 연결되어 있다.

```
[jason@linuxbox ~]$ python --version
Python 2.7.6
[jason@linuxbox ~]$ python3 --version
Python 3.4.1
```

만일 python이나 python3이 여러분의 리눅스 시스템에 설치되어 있지 않다면 'command not found' 에러 메시지를 보게 될 것이다. 다음의 경우 파이썬 2는 설치되었지만 파이썬 3은 안 된 경우다.

```
[jason@linuxbox ~]$ python --version
Python 2.7.6
[jason@linuxbox ~]$ python3 --version
python3: command not found
```

데비안 배포판 리눅스에서의 파이썬 설치

데비안과 우분투, 리눅스 민트 같은 데비안 기반의 배포판에서 파이썬 3을 설치하기 위해서는 apt-get install -y python3 idle3 명령을 실행한다. 소프트웨어 설치가 루트 권한을 요구하므로 루트 계정으로 실행하거나 apt 명령어 앞에 sudo를 붙여 실행한다. 참고로 sudo의 경우 여러분이나 시스템 관리자 혹은 배포판에 의해 사용 가능하도록 설정된 경우에만 가능하다. 우분투 리눅스 시스템에서 sudo를 사용하여 파이썬 3을 설치하는 예는 다음과 같다.

```
[jason@ubuntu ~]$ sudo apt-get install -y python3
idle3
...
Setting up python3
[jason@ubuntu ~]$ python3 --version
3.4.1
```

루트 계정으로 설치하려면 리눅스 시스템에 루트로 로그인하거나 su - 명령을 사용한다.

```
[jason@ubuntu ~]$ su -
Password:
[root@ubuntu ~]# sudo apt-get install -y python3
idle3
...
Setting up python3
[root@ubuntu ~]# python3 --version
3.4.1
[root@ubuntu ~]# exit
[jason@ubuntu ~]$
```

RPM 기반의 리눅스 배포판에서의 파이썬 설치

CentOS나 페도라, 레드햇과 사이언티픽 리눅스 같은 RPM 기반의 리눅스 배포판에 파이썬 3을 설치하려면 yum install -y python3 python3-tools 명령을 사용한다. 이 경우에도 마찬가지로 루트 계정으로 실행하거나 명령어 앞에 sudo를 사용하여 소프트웨어 설치에 필요한 루트 권한을 제공해야 한다. 이때에도 sudo는 여러분이나 시스템 관리자 혹은 배포판에 의해 설정된 경우에만 사용 가능하다. 페도라 리눅스 시스템에서 sudo를 사용하여 파이썬 3을 설치하는 예는 다음과 같다.

```
[jason@fedora ~]$ sudo yum install -y python3
python3-tools
...
Complete!
[jason@fedora ~]$ python3 --version
3.4.1
```

만일 'No package python3 available'이나 'Error: Nothing to do' 같은 에러 메시지를 보게 된다면 소스 코드를 사용하여 파이 썬 3을 설치해야 한다. 빌드 도구를 설치한 후 루트 권한으로 yum groupinstall -y 'development tools' 명령을 실행하여 파이 썬을 설치한다. 이후 yum install -y zlinb-dev openssl-devel sqlite-devel bzip2-devel tk-devel 명령으로 의존 관계에 있 는 나머지 패키지를 설치한다.

```
[jason@centos ~]$ sudo yum groupinstall -y 'development
tools'
...
Complete!
[jason@centos ~]$ sudo yum install -y zlib-dev openssl-
devel sqlite-devel bzip2-devel tk-devel
...
Complete!
```

이제 https://www.python.org/downloads 다운로드 페이지에 서 'Download Python 3.x.x.'를 클릭한다. 다운로드가 끝났으면 터미널 에뮬레이터 애플리케이션에서 다운로드한 디렉토리로 이동 한다. tar xf Python*z 명령으로 압축을 풀고 만들어진 디렉토리 에 cd Python-* 명령으로 들어간다. ./configure와 make 명령을 연 달아 실행한 후 루트 권한으로 make install 명령을 실행하면 드 디어 설치가 완료된다. sudo를 사용할 수 있도록 시스템이 설정되 어 있다면 sudo make install을 사용해도 된다. 파이썬 3이 /usr/ local/bin 디렉토리에 설치됐다.

```
[jason@centos ~]$ cd ~/Downloads
[jason@centos ~/Downloads]$ tar xf Python*z
[jason@centos ~/Downloads/Python-3.4.1]$ cd Python-*
[jason@centos ~/Downloads/Python-3.4.1]$ ./configure
...
creating Makefile
[jason@centos ~/Downloads/Python-3.4.1]$ make
...
[jason@centos ~/Downloads/Python-3.4.1]$ sudo make install
...
[jason@centos ~/Downloads/Python-3.4.1]$ which python3
/usr/local/bin/python3
[jason@centos ~/Downloads/Python-3.4.1]$ python3 --version
Python 3.4.1
```

리눅스 운영체제에 관심이 있다면 『Linux for Beginner』를 추천한다. http://www.LinuxTrainingAcademy.com/linux나 http://www.amazon.com/gp/product/B00HNC1AXY에 가면 구할 수 있다.

컴퓨터에서 파이썬을 실행하기 위한 사전 작업

대화형으로 동작하는 파이썬 인터프리터를 실행해보는 것은 누군가 만들어 놓은 파이썬 프로그램을 실행해보는 것만큼 중요하다. 파이썬 인터프리터를 사용하면 파이썬 명령어를 직접 입력할 수 있고 입력 결과를 바로 확인할 수 있기 때문에 "만약에 이렇게 하면 어떻게 동작하지?"라는 궁금증을 해결할 수 있을 것이다. 파이썬은 인터프리터, 즉 해석기라고도 불리는데 이는 파이썬 인터프리터가 파이썬 코드를 실행하는 운영체제나 하드웨어가 이해할 수 있는 형식으로 해석해주기 때문이다.

파이썬 인터프리터를 시작하는 방법으로 두 가지가 있다. 하나는 IDLE 애플리케이션을 실행하는 것이다. IDLE은 Integrated DeveLopment Environment^{통합개발환경}의 약자이다. 다른 방법으로는 커맨드라인에서 파이썬 인터프리터를 실행하는 것이다. 윈도우에서는 명령 프롬프트에서 python이라 입력하고 맥이나 리눅스에서는 명령 행에서 python3을 실행한다. 파이썬 인터프리터를 종료하려면 exit()이나 quit()를 입력한다. 맥과 리눅스에서는 컨트롤과 d를 함께 누르거나 윈도우에서는 컨트롤과 z를 함께 눌러 종료할 수 있다. 맥의 명령 행에서 파이썬 인터프리터를 실행하는 예는 다음과 같다.

```
[jason@mac ~]$ python3
Python 3.4.1 (v3.4.1:c0e311e010fc, May 18 2014, 00:54:21)
[GCC 4.2.1 (Apple Inc. build 5666) (dot 3)] on darwin
Type "help", "copyright", "credits" or "license" for more
information.
>>> print('안녕하세요')
안녕하세요
>>> exit()
[jason@mac ~]$
```

print('안녕하세요')가 눈에 띌 텐데 아직은 걱정하지 않아도 된다. 이 코드와 다른 명령어들은 뒤에서 자세히 다룬다. 지금은 단순히 명령어나 IDLE 애플리케이션을 통해 파이썬을 실행하는 방법으로 파이썬 인터프리터를 직접 다뤄보겠다.

파이썬 프로그램 실행해보기

파이썬 인터프리터를 대화형으로 사용하는 것 외에 파이썬 프로그램을 만들고 저장하며 실행하는 방법도 알아야 한다. 파이썬 프로그램은 단순히 여러 파이썬 명령을 모아 놓은 텍스트 파일이다. 관례로 파이썬 프로그램은 .py 확장자를 사용한다.

윈도우에서 파이썬 프로그램 실행

윈도우에서 파이썬 프로그램을 실행하는 방법 중 하나로 탐색기를 열어 파일 위치를 찾아가서 더블 클릭하는 방법이 있다. 이 방법은 프로그램이 종료되면 창이 닫혀버리는데, 특히 사용자 입력이 요구되지 않는 프로그램의 경우 실행 결과를 확인하기도 전에 창이 닫혀버리는 단점이 있다. 따라서 윈도우에서는 명령 프롬프트라 불리는 명령 행을 사용하여 파이썬 프로그램을 실행하는 것이 좋다.

먼저 파이썬 인터프리터를 경로에 추가하자. 탐색기로 파이썬이 설치된 폴더로 이동한다. 기본 경로에 설치했다면 버전 정보가 NN이라 가정할 때 C:\PythonNN에 해당한다. 예를 들어 파이썬 3.4를 설치했다면 경로는 C:\Python34다. Tools 폴더 아래의 Scripts 폴더로 들어간다. Win_add2path 파일이 보일 것이다. 전체 경로는 C:\Python34\Tools\Scripts\win_add2path.py다. 파일을 더블 클릭하면 윈도우 창이 잠깐 떴다 바로 사라진다.

이제 명령 프롬프트 애플리케이션을 열 차례인데 사용 중인 윈도우 버전에 따라 여는 방법도 다를 수 있다. 모든 경우에 동작하지는 않지만 윈도우 키를 누른 상태에서 r 키를 누르면 대부분 그림과 같은 창이 보일 것이다. 이제 cmd를 입력 후 **엔터키**를 누르자.

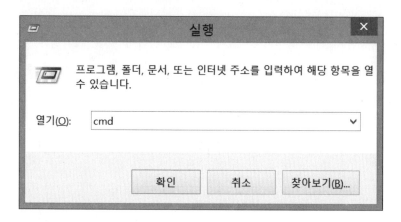

명령 프롬프트를 검색하여 실행해도 된다. 윈도우 비스타와 윈도우 7에서는 **시작** 버튼을 누르고 검색 창에 cmd를 입력 후 **엔터키**를 눌러도 된다.

윈도우 8에서는 검색 아이콘을 누른 후 나타나는 창에 cmd를 입력 후 **엔터키**를 누른다.

명령 프롬프트가 떴다면 python이라고 입력하여 대화형 모드로 파이썬을 실행하거나 python 파이썬프로그램_이름.py처럼 파이썬 프로그램을 실행해도 된다. "python이 내부 혹은 외부 명령으로 인식되지 않습니다." 같은 에러 메시지가 보인다면 컴퓨터를 껐다 켠 후 다시 시도해본다.

다음 그림에서 명령 행을 통해 대화형으로 파이썬을 실행해보고 hello.py 프로그램을 실행하는 장면을 볼 수 있다.

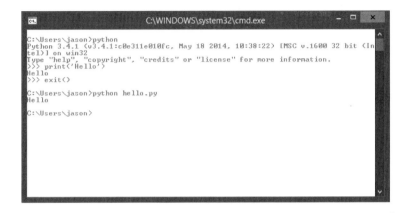

맥과 리눅스에서 파이썬 프로그램 실행

맥이나 리눅스에서는 명령 행에서 python3 프로그램_이름.py를 입력하여 파이썬 프로그램을 실행한다. 파이썬 인터프리터는 파일 안의 파이썬 언어로 작성된 코드를 읽어 실행한다.

다음은 hello.py 파일 내용이다.

```
print('안녕하세요')
```

이 프로그램을 실행시킨 결과는 다음과 같다.

```
[jason@mac ~]$ python3 hello.py
안녕하세요
[jason@mac ~]$
```

python3 명령에 파이썬 파일 이름을 전달하는 대신 파일을 직접 실행시키려면 소스 파일에 실행 권한을 주고 파일 내용의 첫 줄에 인터프리터 지시자를 명시해주면 된다. 명령 행에서 chmod +x program name.py를 실행하여 실행 비트를 켠다. 그리고 파이썬 파일의 첫 줄에 #!/usr/bin/env python3이라고 인터프리터 지시자를 넣어준다. 그러면 상대 경로나 절대 경로를 사용해서 파이썬 프로그램을 바로 실행시킬 수 있다.

hello2.py 파일 내용은 다음과 같다.

```
#!/usr/bin/env python3
print('안녕하세요')
```

다음에서 hello2.py 파일의 실행 비트를 켠 후 상대 경로나 절대 경로로 프로그램을 실행해본 후 python3 명령에 파일 이름을 전달하여 실행하는 것을 볼 수 있다.

```
[jason@mac ~]$ chmod +x hello2.py
[jason@mac ~]$ ./hello2.py
안녕하세요
[jason@mac ~]$ /Users/jason/hello2.py
안녕하세요
[jason@mac ~]$ python3 hello2.py
안녕하세요
[jason@mac ~]$
```

맥이나 리눅스를 위한 인터프리터 지시자가 포함되었어도 윈도우 시스템에서 이 프로그램 파일을 그대로 실행할 수 있음을 기억하자. 윈도우에서는 이 지시자를 무시하고 나머지 부분을 수행한다.

파이썬 소스 코드 생성 및 편집

IDLE 애플리케이션은 대화형으로 파이썬을 실행시킬 뿐 아니라 파이썬 프로그램을 만들거나 편집하고 실행할 수 있도록 해준다. 새로운 파이썬 프로그램을 만들려면 **파일** 메뉴에서 **새 파일**을 선택한다. 이미 있는 파이썬 파일을 열려면 **파일** 메뉴에서 **열기**를 선택한다. 그러면 바로 파이썬 프로그램을 작성하거나 편집할 수 있다. 이후 **파일** 메뉴의 **저장**을 선택하여 여러분의 프로그램을 저장하면 된다. 프로그램을 실행하려면 F5 키를 누르거나 **실행** 메뉴의 **모듈 실행**을 선택한다.

사실 파이썬 소스 코드는 단순한 텍스트 파일일 뿐이므로 IDLE 편집기만 사용해야 하는 것은 아니다. 여러분이 좋아하는 텍스트 편집기를 사용하여 파이썬 파일을 만든 후 앞서 설명한 방식대로 명령 행에서 실행할 수 있다. 이미 훌륭한 텍스트 편집기가 많이 나와 있는데 윈도우와 맥, 리눅스에서 사용 가능한 인기 편집기를 나열하면 다음과 같다.

윈도우

* Geany: http://www.geany.org/
* JEdit: http://www.jedit.org/

- Komodo Edit: http://komodoide.com/komodo-edit/
- Notepad++: http://notepad-plus-plus.org/

맥

- JEdit: http://www.jedit.org/
- Komodo Edit: http://komodoide.com/komodo-edit/
- Sublime Text: http://www.sublimetext.com/
- TextWrangler: http://www.barebones.com/products/textwrangler/

리눅스

- Emacs: https://www.gnu.org/software/emacs/
- Geany: http://www.geany.org/
- JEdit: http://www.jedit.org/
- Komodo Edit: http://komodoide.com/komodo-edit/
- Sublime Text: http://www.sublimetext.com/
- Vim: http://www.vim.org/

> **참고** 파이썬 소스 코드를 작성할 때에는 빈칸 네 개를 사용한 들여쓰기를 한다. 사용 중인 편집기에서 탭 키를 눌렀을 때 빈칸 네 개가 자동으로 들어가도록 설정하라. 파일을 저장할 때 유닉스 형식의 줄 마침을 사용하도록 설정하는 것도 잊지 말자. 이렇게 설정해 놓으면 프로그램이 플랫폼 간에 호환되므로 하나의 파일을 윈도우와 맥, 리눅스에서 사용할 수 있다.

예제 코드 다운로드

이 책의 예제 코드를 다운로드하고 싶다면 http://www.Linux TrainingAcademy.com/python-for-beginners를 방문하라(에 이콘 출판사의 도서 정보 페이지인 http://www.acornpub.co.kr/book/ python-for-beginners에서도 다운로드할 수 있다). 예제 코드를 잠깐 살펴보고 실행하는 것은 편리하지만 시간이 허락한다면 직접 입력 해보는 것도 좋다. 소스 코드를 직접 입력하면 학습효과가 배가 된 다. 또 직접 자신만의 코드를 작성할 때 발생하는 문제들을 고쳐보 는 실전 경험을 쌓을 수도 있다. 예를 들면 코드에서 철자 오타나 구문 에러를 찾는 경우가 있는데 공백이나 철자 혹은 대소문자와 구두점 같은 것들을 지키는 것은 프로그램을 에러 없이 실행하는 데 매우 중요하기 때문이다. 물론 실습하다가 난관을 만났다면 작 성한 코드와 다운로드한 코드를 비교해서 차이점을 찾아보거나 이 책을 읽어보면 된다.

정리

- 파이썬을 설치하라. 파이썬 2를 사용할 필요가 없다면 파이썬 3을 사용하되 아니라면 파이썬 2.7을 설치한다.
- IDLE이나 명령 행에 파이썬 명령을 입력하는 방법으로 파이썬 을 대화형으로 실행하라. 윈도우에서는 python을 사용하고 맥 이나 리눅스에서는 python3을 사용한다.

- IDLE에서 파이썬 프로그램을 실행하려면 **F5** 키를 누르거나 **실행** 메뉴에서 **모듈 실행**을 선택한다. 명령 행에서 파이썬 명령을 파일 이름 인자와 함께 실행할 수도 있다. 윈도우에서는 python 프로그램_이름.py이고 맥이나 리눅스에서는 python3 프로그램_이름.py다.

- 파이썬 소스 코드 편집은 IDLE를 사용하거나 여러분이 선호하는 텍스트 편집기를 사용하면 된다.

- 예제 코드는 http://www.LinuxTrainingAcademy.com/python-for-beginners에서 다운로드하면 된다.

참고자료

- 파이썬 통합 개발 환경:
  https://wiki.python.org/moin/IntegratedDevelopmentEnvironments

- 윈도우에서 명령 프롬프트 열기:
  http://www.wikihow.com/Open-the-Command-Prompt-in-Windows

- 리눅스에서 파이썬 3 설치하기 동영상:
  https://www.youtube.com/watch?v=RLPYBxfAud4

- 맥 사용자를 위한 파이썬 3 설치 동영상:
  https://www.youtube.com/watch?v=EZ_6tmtbDSM

- 윈도우 사용자를 위한 파이썬 3 설치 동영상:

  https://www.youtube.com/watch?v=CihHoWzmFe4

- 개발을 위해 파이썬 2를 써야 할지 파이썬 3을 써야 할지 애매한 경우 살펴볼 곳:

  https://wiki.python.org/moin/Python2orPython3

- 이 책의 예제 코드:

  http://www.LinuxTrainingAcademy.com/python-for-beginners

1장_ 변수와 문자열

변수

변수는 이름을 가진 저장 공간이다. 이름-값 쌍으로 생각해도 된다. 변수에 값을 저장해두면 나중에 변수 이름으로 다시 읽을 수 있다. 변수에 값을 저장하는 것을 대입이라 한다. 변수에 값을 대입할 때는 등호 부호를 사용하며 변수_이름 = 값처럼 사용한다.

fruit 변수에 사과라는 값을 대입하는 예는 다음과 같다.

```
fruit = '사과'
```

변수의 값을 변경하려면 다시 대입하면 된다. fruit 변수의 값을 오렌지로 바꾸려면 다음과 같이 한다.

```
fruit = '오렌지'
```

특별한 이유가 있어서 fruit을 변수 이름으로 사용한 것은 아니다. 원한다면 produce나 crop 혹은 food 등 다른 이름을 사용해도 된다. 변수의 이름으로는 일반적으로 변수가 담을 데이터를 설명하기 좋은 것을 사용한다. 별 생각 없이 변수 이름을 x라고 지어 놓으면 어떤 데이터를 담는지 오늘은 알지만 한달 후엔 까맣게 잊어버릴 수 있다. 하지만 fruit을 이름으로 사용한다면 기억해 낼 가능성이 높다.

변수 이름은 대소문자를 구별한다. Fruit과 fruit은 서로 다른 변수다. 변수 이름은 일반적으로 소문자를 사용하지만 강제 사항은 아니다. 다만 변수 이름은 반드시 알파벳으로 시작해야 한다. 중간에 숫자가 들어갈 수 있지만 숫자로 시작하는 변수 이름은 쓸 수 없다. 변수 이름에 기호 _를 사용할 수도 있다. 하지만 하이픈 기호 -나 + 같은 심볼은 사용할 수 없다. 하이픈 대신 기호 _를 사용하라.

유효한 변수 이름은 다음과 같다.

```
first3letters = '가나다'
first_three_letters = '가나다'
firstThreeLetters = '가나다'
```

문자열

문자열은 텍스트를 표현하기 위해 사용한다. 앞의 예에서 사과나 오렌지, 가나다 같은 텍스트는 문자열이다. 문자열은 인용 부호로 둘러싼다. 변수 fruit을 만들고 문자열 사과를 할당하는 예를 떠올려보자.

```
fruit = '사과'
```

큰따옴표를 사용해도 된다.

```
fruit = "사과"
```

문자열 안에 따옴표 넣기

파이썬에서 문자열을 사용할 때는 따옴표를 잘 맞춰야 한다. 새로운 문자열을 정의할 때 큰따옴표를 썼다면 파이썬은 다음 큰따옴표를 만날 때 문자열이 끝난 것으로 간주한다. 작은따옴표도 같은 방식으로 동작한다. 문자열을 작은따옴표로 시작했다면 작은따옴표로 끝내야 한다.

문자열 중간에 큰따옴표를 사용하고 싶다면 다음 예처럼 작은따옴표로 시작하고 끝나는 문자열 중간에 두면 된다.

```
sentence = '그녀는 "정말 맛있는 사과군요!"라고 말했다'
```

반대로 문자열에 작은따옴표를 사용하고 싶다면 큰따옴표로 시작하고 끝나는 문자열을 사용하면 된다.

```
sentence = "정말 '맛있는' 사과군요!"
```

만일 문자열에 큰따옴표와 작은따옴표를 동시에 사용하고 싶다면 어떻게 해야 할까? 이럴 때는 역슬래시 문자 \를 따옴표 앞에 붙여 예외를 허용하면 된다. 다음 예는 문자열 안에서 큰따옴표와 작은따옴표를 이스케이프[1]하여 사용하고 있다. 변수에 들어갈 문장은 '그녀는 "정말 맛있는 사과군요!"라고 말했다'이다.

```
sentence_in_double = "그녀는 \"정말 맛있는 사과군요!\"라고 말했다"
sentence_in_single = '그녀는 "정말 맛있는 사과군요!"라고 말했다'
```

---

1 이렇게 역슬래시 문자로 인용 부호를 문자열 안에서 사용하는 것은 이스케이프(escape)라고 한다. − 옮긴이

인덱싱

문자열 안의 각 문자는 위치가 정해져 있고 이를 색인 번호로 사용할 수 있다. 문자열 색인은 0부터 시작하는데, 첫 번째 문자의 색인은 0이고 두 번째 문자는 1이다.

```
String: a p p l e
Index:  0 1 2 3 4
```

특정 지점에 위치한 문자를 접근하려면, 예를 들어 어떤 문자열에서 색인 N에 위치한 문자를 접근한다면 문자열 뒤에 [N]을 붙이면 된다. 다음 예는 문자열 apple의 색인 0에 위치한 문자를 변수 a에 대입한다. 같은 식으로 변수 e에는 apple의 색인 4에 위치한 문자를 대입한다.

```
a = 'apple'[0]
e = 'apple'[4]
```

변수는 자신이 가진 값을 대표하는 이름일 뿐이므로 변수 이름 뒤에 [N]을 붙여도 같은 방식으로 동작한다. 다음 예는 first_char에 문자 a를 대입한다.

```
fruit = 'apple'
first_char = fruit[0]
```

내장 함수

함수는 코드 중 특정 작업을 수행하는 부분으로 여러 번 실행시킬 수 있다. 함수는 이름을 가지는데 함수 호출이나 실행에 이름을 사용한다. 함수는 인자를 받으며 실행 후 결과를 반환한다.

print() 함수

파이썬은 많은 내장 함수를 가지고 있는데 print() 함수는 그 중 하나다. print() 함수의 인자로 값을 전달하면 함수는 이 값을 스크린에 표시한다. print 함수에 직접 값을 주거나 변수에 담아 전달할 수 있다.

```
fruit = '사과'
print(fruit)
print('오렌지')
```

출력 내용:
사과
오렌지

len() 함수

또 다른 내장 함수로는 len()이 있다. 문자열을 len() 함수의 인자로 전달하면 문자열의 길이를 반환한다. 다시 말하자면 len() 함수는 문자열에 포함된 문자의 개수를 반환한다.

다음 예에서는 fruit 변수에 apple 값을 넣은 채 len(fruit)을 호출하여 얻은 결과 값을 fruit_len 변수에 넣는다. 그리고 이 결과 값을 print(fruit_len) 함수로 스크린에 출력한다.

```
fruit = 'apple'
fruit_len = len(fruit)
```

```
print(fruit_len)
```

출력 내용[2]:

5

여기에서 print() 함수의 괄호 안에 len() 함수를 넣어 변수
에 값을 대입하는 중간 과정을 생략할 수 있다. 파이썬은 안쪽의
len(fruit)을 먼저 수행 후 결과값을 print() 함수의 인자로 넘기
기 때문이다.

```
fruit = 'apple'
print(len(fruit))
```

출력 내용:

5

다음과 같이 아예 변수도 생략할 수 있다.

```
print(len('apple'))
```

출력 내용:

5

문자열 메소드

지금 객체 지향 프로그래밍[OOP, Object Oriented Programming]을 자세히 공부
하지는 않아도 몇 가지 유용한 개념은 알아둘 필요가 있다. 파이썬

---

2 한글의 경우 한 글자가 한 바이트 이상이기 때문에 코드에서 utf-8 인코딩을 사용하는 경우 '사과'를
len()에 넣어 실행하면 6이 나온다. – 옮긴이

에서는 모든 것이 객체라는 사실이 그중 하나다. 또 모든 객체는 타입을 가진다는 것도 기억하면 좋다. 문자열 데이터 타입에 대해서는 이미 배웠고 책을 읽는 동안 다른 타입도 다루게 될 것이다.

문자열로 다시 돌아가보자. 'apple'은 str 타입의 객체이며 str은 string^{문자열}을 줄여 쓴 것이다. 즉 'apple'은 문자열 객체다. 만일 fruit 변수에 apple 값을 할당한다면 fruit = 'apple'처럼 쓴다. 여기서 fruit은 문자열 객체다. 앞장에서 변수는 자신이 가진 값에 대한 이름이라 설명한 것을 기억하자.

전에 설명한 것처럼 함수는 코드 중 특정 작업을 수행하는 부분으로 여러 번 실행시킬 수 있다. 지금까지 print()나 len() 같은 내장 함수를 배웠다. 그런데 객체는 이러한 함수를 포함할 수도 있다. 이렇게 객체가 가진 함수는 함수라고 하는 대신 메소드라 한다. 메소드는 특정 객체에 대해 동작하는 함수라고 이해하면 된다. 객체의 메소드를 호출하려면 객체 뒤에 점을 찍고 메소드 이름을 쓴 후 괄호를 붙이면 된다. 인자는 함수처럼 괄호 안에 넣어준다.

lower() 문자열 메소드

문자열 객체의 lower() 메소드는 문자열의 모든 글자를 소문자로 바꿔서 반환한다.

```
fruit = 'Apple'
print(fruit.lower())
```

출력 내용:
apple

upper() 문자열 메소드

upper() 문자열 메소드는 문자열의 모든 글자를 대문자로 바꿔서 반환한다.

```
fruit = 'Apple'
print(fruit.upper())
```

출력 내용:
APPLE

문자열 합치기

두 개의 문자열을 합칠 때는 더하기 부호를 사용한다. 문자열을 서로 붙인다고 생각하면 된다. 더하기 부호로 문자열을 계속 연결하여 두 개 이상의 문자열을 붙일 수도 있다. 다음 예를 통해 문자열 안에서 공백 기호가 처리되는 방식을 살펴보라. 문자열 합치기는 문자열을 있는 그대로 이어서 붙여준다.

```
print('나는 ' + '파이썬을 ' + '사랑해요')
print('나는' + ' 파이썬을' + ' 사랑해요.')
```

출력 내용:
나는 파이썬을 사랑해요.
나는 파이썬을 사랑해요.

만일 문자열 뒤에 공백을 추가하지 않았다면 이렇게 보인다.

```
print('나는' + '파이썬을' + '사랑해요.')
```

출력 내용:

나는파이썬을사랑해요.

변수를 사용한 문자열 합치기는 다음과 같다.

```
first = '나는'
second = '파이썬을'
third = '사랑해요'
sentence = first + ' ' + second + ' ' + third + '.'
print(sentence)
```

출력 내용:

나는 파이썬을 사랑해요.

반복되는 문자열

문자열과 함께 사용하는 곱셈 기호 *는 반복 연산을 의미한다. 문자열 * 반복할_횟수처럼 사용하면 되는데 하이픈 기호를 열 번 반복하고 싶다면 - * 10이라고 쓰면 된다.

```
print('-' * 10)
```

출력 내용:

글자 수가 한 개 이상인 문자열에 대해서도 동일하게 동작한다.

```
happiness = '행복해 ' * 3
print(happiness)
```

출력 내용:
행복해 행복해 행복해

str() 함수

다음 장에서 숫자 데이터 타입에 대해 배울 테니 지금은 숫자가 문자열과 달리 인용 부호를 사용하지 않는다는 정도만 알아두자. 숫자를 문자열과 합치려면 `str()` 내장 함수를 사용하여 숫자를 문자열로 변환해야 한다. `str()` 함수는 숫자처럼 문자열이 아닌 값들을 문자열로 바꿔준다.

```
version = 3
print('나는 파이썬 ' + str(version) + '을 사랑해요.')
```

출력 결과:
나는 파이썬 3을 사랑해요.

숫자를 문자열로 변환하지 않고 문자열과 합친다면 다음과 같은 에러를 볼 것이다.

```
version = 3
print('나는 파이썬 ' + version + '를 사랑해요.')
```

출력 내용:
```
  File "string_example.py", line 2, in <module>
    print('나는 파이썬 ' + version + '를 사랑해요')
TypeError: Can't convert 'int' object to str implicitly
```

포맷 문자열

원하는 형식으로 만들기 위해 문자열을 합치는 대신 format() 메소드를 사용할 수 있다. 문자열 중간에 중괄호 기호를 넣으면 중괄호 열기와 닫기 사이는 포맷 필드 영역이 되는데 format()을 사용하여 이 영역에 들어갈 값을 넣어줄 수 있다.

기본적으로 format()에 전달되는 첫 번째 값이 첫 번째 중괄호에 들어가고 두 번째 값이 있다면 두 번째 중괄호에 들어간다. 예제를 보자.

```
print('나는 {} 사랑해요.'.format('파이썬을'))
print('{} {} {}'.format('나는', '파이썬을', '사랑해요.'))
```

출력 내용:
나는 파이썬을 사랑해요.
나는 파이썬을 사랑해요.

예제처럼 함수나 메소드에 하나 이상의 객체를 전달할 때 format('나는', '파이썬을', '사랑해요.')처럼 쉼표로 구분함을 기억하자.

중괄호에 몇 번째 인자 값이 들어가야 하는지 명시하고 싶다면 중괄호 사이에 숫자를 넣어준다. {0}은 format()에 전달되는 첫 번째 값이 들어갈 위치고, {1}은 두 번째 값이 들어가는 위치다.

```
print('나는 {0}을 {1}. {0}은 나를 {1}.'.format('파이썬', '사랑해요'))
```

출력 내용:
나는 파이썬을 사랑해요. 파이썬은 나를 사랑해요.

변수를 사용하는 예는 다음과 같다.

```
first = '나는'
second = '파이썬을'
third = '사랑해요'
print('{} {} {}.'.format(first, second, third))
```

출력 내용:
나는 파이썬을 사랑해요.

이제 앞서 봤던 문자열과 숫자가 섞여있는 예제를 `format()` 메소드로 다시 작성해보자. `str()` 함수는 더 이상 필요 없다.

```
version = 3
print('나는 파이썬 {}을 사랑해요.'.format(version))
```

출력 내용:
나는 파이썬 3을 사랑해요.

포맷 문자열을 통해 포맷 양식을 전달할 수도 있다. 포맷 양식은 중괄호 안에서 지정하는데 콜론으로 시작한다. 포맷 영역이 문자열에서 차지할 최소 길이를 콜론 다음에 오는 숫자로 적어준다. 포맷 필드 {0:8}은 "format()에 전달되는 첫 번째 값을 여기 출력하는데 최소한 8글자 이상 되게 하라."는 의미다. 마찬가지로 {1:8}은 format()에 전달되는 두 번째 값을 여기에 출력하는 데 최소한 8 글자 이상 되게 하라."는 의미다. 이 방법을 사용하여 표도 만들수 있다.

```
print('{0:8} | {1:8}'.format('과일', '수량'))
```

```
print('{0:8} | {1:8}'.format('사과', 3))
print('{0:8} | {1:8}'.format('오렌지', 10))
```

출력 내용:

```
과일      |     수량
사과      |      3
오렌지    |      10
```

포맷 영역 안에서 <는 왼쪽 정렬을 의미하고 ^는 가운데 정렬을 나타내며 >는 오른쪽 정렬이다. 명시하지 않으면 왼쪽 정렬을 기본[3]으로 사용한다. 이전 예제에서 숫자를 왼쪽으로 정렬해보자.

```
print('{0:8} | {1:<8}'.format('과일', '수량'))
print('{0:8} | {1:<8}'.format('사과', 3))
print('{0:8} | {1:<8}'.format('오렌지', 10))
```

출력 내용:

```
과일      | 수량
사과      | 3
오렌지    | 10
```

포맷 영역 안에 데이터 타입을 지정할 수도 있다. 흔히 사용되는 타입으로 부동소수점을 의미하는 f가 있다. 부동소수점은 다음 장에서 자세히 다룬다. 소수점 이하 몇 자리까지 나타낼 것인지도 함께 나타낼 수 있는데 만일 N개를 나타낸다면 .Nf라고 표시한다. 통화를 나타내는 일반적인 포맷은 .2f로 소수점 이하 두 자리까지 나타낸다. 이전 테이블 예제의 사과를 몇 입 먹어 버렸다면 어떻게 될지

---

3 숫자는 오른쪽 정렬이 기본이다. – 옮긴이

다음 예를 보자.

```python
print('{0:8} | {1:<8}'.format('과일', '수량'))
print('{0:8} | {1:<8.2f}'.format('사과', 2.33333))
print('{0:8} | {1:<8.2f}'.format('오렌지', 10))
```

출력 내용:

```
과일      | 수량
사과      | 2.33
오렌지    | 10.00
```

사용자 입력 받기

표준 입력을 받을 때는 input() 내장 함수를 사용한다. 표준 입력은 키보드 입력이 기본이고 이를 위해 사용자에게 프롬프트를 띄운다. 여기서 좀 더 확장하여 다른 입력 소스로부터 표준 입력을 받을 수 있다. 특정 명령어의 출력 내용을 파이프를 통해 다른 커맨드로 연결하는 예도 있다(이 부분은 http://www.linuxtrainingacademy.com/linux의 『Linux for Beginners』를 참조하라).

다음 예처럼 프롬프트와 함께 나타날 문자열을 input() 함수에 전달하는 것도 가능하다.

```python
fruit = input('과일 이름을 입력하세요: ')
print('{}는 사랑스러운 과일입니다.'.format(fruit))
```

출력 내용:

과일 이름을 입력하세요: 사과
사과는 사랑스러운 과일입니다.

정리

- 변수는 값을 저장하는 곳을 가리키는 이름이다.

- 변수는 문자로 시작하지만 숫자나 밑줄 표시 기호가 포함될 수 있다.

- 변수에 값을 저장하는 구문은 변수_이름 = 값이다.

- 문자열은 인용 부호로 둘러 싼다.

- 문자열 안의 각 문자에는 색인이 있다.

- 함수는 특정 작업을 수행하는 코드로 반복하여 사용할 수 있다.

  - 내장 함수

  - print(): 값을 출력한다.

  - len(): 원소의 길이를 반환한다.

  - str(): 문자열 객체를 반환한다.

  - input(): 문자열을 읽는다.

- 파이썬에서는 모든 것이 객체다.

- 객체는 메소드를 가질 수 있다.

- 메소드는 객체에 대해 동작하는 함수다.

  - 문자열 메소드

  - upper(): 문자열 객체의 모든 문자를 대문자로 바꾼 새 문자열을 반환한다.

  - lower(): 문자열 객체의 모든 문자를 소문자로 바꾼 새 문자열을 반환한다.

○　format(): 포맷이 주어진 문자열을 반환한다.

연습문제

동물과 채소와 광물

세 개의 변수를 사용하는 파이썬 프로그램을 작성하라. 여러분의 프로그램에서 변수는 animal과 vegetable, mineral이다. 각 변수에 문자열을 할당하라. 프로그램은 "여기 동물과 채소와 광물이 있어요." 문장을 표시해야 한다. 이어서 animal과 vegetable, mineral 변수가 가진 값을 출력하라. 각 값을 한 줄로 출력하여 다음 예처럼 네 개의 행이 나와야 한다.

샘플 출력 내용:

여기 동물과 채소와 광물이 있어요.
고양이
브로콜리
금

페이지를 넘기지 말고 바로 파이썬 프로그램을 작성해보길 권한다. 이후 등장하는 연습문제 모두 샘플 출력 내용 다음에 답이 나오므로 그때마다 잠시 책을 놓고 연습해보길 바란다.

해답

```
animal = '고양이'
vegetable = '브로콜리'
mineral = '금'
```

```
print('여기 동물과 채소와 광물이 있어요..')
print(animal)
print(vegetable)
print(mineral)
```

흉내쟁이

프롬프트를 띄워 사용자 입력을 받은 후 입력한 내용과 동일하게
출력하는 파이썬 프로그램을 작성하라.

샘플 출력 내용:

아무거나 입력 후 엔터키를 누르세요: 안녕하세요!

입력한 내용입니다:

안녕하세요!

정답 코드는 다음과 같다. 여러분의 코드는 다른 변수 이름을 사용
할지 모르겠으나 이 코드와 상당히 비슷할 것이다. 샘플 출력 내용
과 일치하는 내용을 출력했다면 잘 따라오고 있는 편이다.

```
user_input = input('아무거나 입력 후 엔터키를 누르세요: ')
print('입력한 내용입니다:')
print(user_input)
```

고양이가 뭐라고 말했을까

프롬프트를 띄워 사용자 입력 값을 받은 후 이 값을 그대로 "말하
는" 고양이를 출력하는 파이썬 프로그램을 작성하라. 사용자가 제
공한 문장은 말 풍선 안에 넣어야 한다. 말 풍선은 사용자 입력의
길이에 맞게 길어지거나 줄어들어야 한다.

샘플 출력 내용:

```
        _____
    <  만져주면 가르랑 거릴 거예요.  >
        ----------------------
            /
  /\_/\ /
 ( o.o )
  > ^ <
```

해답

```python
text = input('고양이가 뭐라고 말하면 좋을까요? ')
text_length = len(text)
print('          {}'.format('_' * text_length))
print('       < {} >'.format(text))
print('          {}'.format('-' * text_length))
print('          /')
print(' /\_/\ /')
print('( o.o )')
print(' > ^ <')
```

출력 내용:

고양이가 뭐라고 말하면 좋을까요? 야옹

```
        __
    < 야옹 >
        --
            /
  /\_/\ /
 ( o.o )
  > ^ <
```

참고자료

- 일반적인 문자열 연산 모음:
  https://docs.python.org/3/library/string.html

- input() 문서:
  https://docs.python.org/3/library/functions.
  html?highlight=input#input

- len() 문서:
  https://docs.python.org/3/library/functions.
  html?highlight=input#len

- print() 문서:
  https://docs.python.org/3/library/functions.
  html?highlight=input#print

- str() 문서:
  https://docs.python.org/3/library/functions.
  html?highlight=input#func-str

이 책의 평가

책의 내용이 좋았다면 http://www.linuxtrainingacademy.com/
python-book에서 별 다섯 개 리뷰를 남겨주기 바란다. 이 책에
관한 더 많은 자료를 만들도록 나를 격려할 뿐 아니라 책을 찾고 있
는 다른 이에게도 도움이 될 것이다.

2장_ 숫자와 수학, 주석

이 장에서 다룰 개념을 잘 이해할 수 있도록 만들어 놓은 동영상과 직접 프로그래밍해볼 수 있는 라이브 예제를 보고 싶다면 다음 링크를 방문하라.

http://www.LinuxTrainingAcademy.com/python-math

앞 장에서 문자열을 만들 때는 따옴표로 시작하고 끝나야 한다고 설명했다. 이와는 달리 숫자의 경우 파이썬에서는 별도 기호로 둘러쌀 필요가 없다. 숫자를 사용하고 싶다면 그냥 소스 코드에 입력하면 된다. 변수에 숫자 값을 넣는다면 다음과 같이 변수_이름 = 숫자 형식으로 작성한다.

```
integer = 42
float = 4.2
```

파이썬은 정수와 부동소수점 수 모두 사용 가능하다. 소수점 아래가 없는 모든 수를 정수라 한다. 부동소수점 수는 항상 소수점을 포함한다. 정수 데이터 타입은 int로 표시하고 같은 식으로 부동소수점 수는 float을 사용한다.

수 연산

파이썬 인터프리터가 자주 수행하는 연산과 기호가 다음 표에 있다.[1]

기호	연산
+	덧셈
−	뺄셈
*	곱셈
/	나누기
**	지수
%	나머지

표에서 + - * / 부호는 익숙한 것이다. **는 지수 연산을 위한 기호로 "수를 몇 승으로 올려라"는 의미다. 예를 들어 2 ** 4는 "2의 4승"을 의미하는데 곱셈으로는 2 * 2 * 2 * 2로 표시한 것과 같고 값으로는 16이다.

퍼센트 기호는 나머지 연산을 수행하는 모듈러 연산자다. 나머지

---

1 표의 나머지 연산을 모듈러 연산이라고 부르는 경우도 많다. – 옮긴이

를 구하는 연산을 예를 들면 3 % 2는 3을 2로 나눈 나머지인 1이고
4 % 2는 나머지가 없으므로 0이다.

파이썬은 인터프리터에서 직접 수학 연산을 실행할 수 있다.

```
[jason@mac ~]$ python3
Python 3.4.1 (v3.4.1:c0e311e010fc, May 18 2014, 00:54:21)
[GCC 4.2.1 (Apple Inc. build 5666) (dot 3)] on darwin
Type "help", "copyright", "credits" or "license" for more
information.
>>> 1 + 2
3
>>> exit()
[jason@mac ~]$
```

다음 예제처럼 수학 연산의 결과를 변수에 바로 대입할 수도 있다.

```
sum = 1 + 2
difference = 100 - 1
product = 3 * 4
quotient = 8 / 2
power = 2 ** 4
remainder = 3 % 2

print('합계: {}'.format(sum))
print('차액: {}'.format(difference))
print('곱: {}'.format(product))
print('몫: {}'.format(quotient))
print('거듭제곱: {}'.format(power))
print('나머지: {}'.format(remainder))
```

출력 내용:
합계: **3**
차액: **99**
곱: **12**
몫: **4.0**
거듭제곱: **16**
나머지: **1**

예제에서 8 / 2의 결과값은 4이지만 부동소수점 수인 4.0으로 표시됐다. 나누기 연산자(/)는 항상 부동소수점 수 나누기 연산을 실행하며 그 결과 항상 부동소수점 수이다. 비슷하게 부동소수점 수에 정수를 더하면 결과값은 항상 부동소수점 수가 된다.

이제 변수를 사용한 수학 연산을 실행하는 예를 보자.

```
sum = 1 + 2
difference = 100 - 1
new_number = sum + difference
print(new_number)
print(sum / sum)
print(sum + 1)
```

출력 내용:
102
1.0
4

문자열과 숫자

다음 예는 quantity 변수를 만들고 숫자 3을 값으로 할당한다. 그리고 quantity_string 변수에는 문자열 3을 할당한다.

```
quantity = 3
quantity_string = '3'
```

문자열에 대해 수 연산을 수행하면 오류가 발생한다. 숫자더라도 따옴표로 감싸면 문자열이 된다는 점을 기억하자.

```
quantity_string = '3'
total = quantity_string + 2
```

출력 내용:
```
Traceback (most recent call last):
  File "string_test.py", line 2, in <module>
    total = quantity_string + 2
TypeError: Can't convert 'int' object to str implicitly
```

int() 함수

문자열을 정수로 변환할 때에는 int() 함수에 문자열을 인자로 전달하여 실행한다.

```
quantity_string = '3'
total = int(quantity_string) + 2
print(total)
```

출력 내용:

5

float() 함수

문자열을 부동소수점수로 변환하려면 float() 함수에 문자열을 인자로 전달하여 실행한다.

```
quantity_string = '3'
quantity_float = float(quantity_string)
print(quantity_float)
```

출력 내용:

3

주석

주석은 코드를 보는 사람에게만 유용한 정보일 뿐 파이썬은 모든 주석을 무시한다. 주석은 여러분의 코드를 문서화하는 수단이다. 복잡한 코드의 각 부분에서 어떤 일이 일어나는지를 요약해주는 역할을 하기도 한다. 직접 작성한 코드를 나중에 자신이나 다른 사람이 보게 될 경우 주석은 어떤 의도로 작성했는지 코드 안에서 직접 설명해주는 유용한 정보다.

한 줄 주석은 영어로 파운드 혹은 해시 기호라고도 하고 숫자를 의미하기도 하는 # 기호로 시작한다.

```
# 이것은 주석입니다. 파이썬은 주석을 무시합니다.
```

여러 주석을 연달아 써도 된다.

```
# 다음 코드 설명:
#      서버 한대를 호스팅 하는 비용을 계산.
#      주어진 예산으로 구입할 수 있는 호스팅 기간을 산정.
```

큰따옴표 세 개를 붙여서 여러 줄에 걸친 주석을 만들 수 있다. 붙어 있는 세 개의 큰따옴표 다음이 주석이 시작되는 부분이고 같은 식으로 세 개의 큰따옴표를 만나기 전까지를 주석으로 간주한다.

```
""" 주석의 시작
이것은 다른 줄이다.
이것은 주석의 마지막 줄이다. """
```

다음처럼 사용할 수도 있다.

```
"""
주석을 이렇게 한 줄 아래에서 시작해본다.
이 줄 모두 주석이기 때문에 파이썬은 이 부분을 해석하지 않는다.
"""
```

한 줄짜리 주석에 여섯 개의 큰 따옴표를 사용할 수도 있다.

```
"""이것은 또 다른 주석이다."""
```

연습문제였던 '고양이가 뭐라 말했을까'의 코드에 간단 명료하게 설명 주석을 달아보자.

```
# 사용자 입력 받기
text = input('고양이가 뭐라고 말하면 좋을까요? ')
```

```python
# 입력 길이 계산
text_length = len(text)

# 말 풍선을 둘러싸는 막대 길이를 입력 길이에 맞춤
print('                {}'.format('_' * text_length))
print('              < {} >'.format(text))
print('                {}'.format('-' * text_length))
print('               /')
print(' /\_/\     /')
print('( o.o )')
print(' > ^ <')
```

정리

- 문자열과 달리 숫자는 별도의 기호가 필요 없다.

- 숫자를 따옴표로 감싸면 문자열이 된다.

- 문자열을 정수로 바꾸려면 int() 함수를 사용한다.

- 문자열을 부동소수점 수로 바꾸려면 float() 함수를 사용한다.

- 한 줄 주석은 # 기호로 시작한다.

- 여러 줄 주석은 큰따옴표 세 개(""")를 사용한다.

연습문제

클라우드 호스트 비용 계산

여러분이 자신만의 파이썬 기술을 사용하여 소셜 네트워킹 서비스를 만들기로 했다고 가정하자. 여러분은 애플리케이션을 클라우드 서버에서 호스팅하기로 결정했다. 호스팅 제공업체는 시간당 0.51 불의 요금을 받는 곳으로 정했다. 서버 한 대로 서비스를 시작할 예정이고 하루 비용과 한 달 비용이 궁금한 상태다.

이제 다음 질문에 대한 답을 출력하는 파이썬 프로그램을 작성하라.

- 서버 한 대를 하루 운영하는 데 드는 비용은 얼마인가?
- 서버 한 대를 한 달 운영하는 데 드는 비용은 얼마인가?

해답

질문에 대한 적절한 답을 출력하는 파이썬 코드는 다음과 같다. 코드 안의 주석도 눈여겨 보자. 같은 문제에 대해 얼마든지 다른 방식으로 작성할 수 있음을 염두에 두자.

```
# 시간당 서버 운영 비용
cost_per_hour = 0.51

# 서버 한 대당 운영 비용 계산
cost_per_day = 24 * cost_per_hour
cost_per_month = 30 * cost_per_day

# 결과 출력
print('서버의 하루 운용 비용 ${:.2f}.'.format(cost_per_day))
print('서버의 한달 운용 비용 ${:.2f}.'.format(cost_per_month))
```

출력 내용:
서버의 하루 운용 비용 $12.24.
서버의 한달 운용 비용 $367.20.

클라우드 호스트 비용 계산, 두 번째

앞의 예제를 좀 더 발전시켜 보자. 새로운 모험을 위해 여러분은 그 동안 918달러의 돈을 저축했다고 가정하자. 이 돈을 다 쓸 수 있다 면 서버 한 대를 며칠 동안 운영할 수 있을까? 물론 여러분의 소셜 네트워크가 유명해져서 수요를 맞추기 위해 서버를 20대까지 늘려 야 할 경우도 희망 사항 중 하나다. 이럴 때는 비용이 어떻게 될까?

다음 물음에 답하는 파이썬 프로그램을 작성해보자.

- 서버 한 대를 하루 운영하는 데 드는 비용은 얼마인가?
- 서버 한 대를 한 달 운영하는 데 드는 비용은 얼마인가?
- 서버 20대를 하루 운영하는 데 드는 비용은 얼마인가?
- 서버 20대를 한 달 운영하는 데 드는 비용은 얼마인가?
- 918달러로 서버 한 대를 며칠 동안 운영할 수 있을까?

해답

```
# 시간당 서버 운영 비용
cost_per_hour = 0.51

# 서버 한 대당 운영 비용 계산
cost_per_day = 24 * cost_per_hour
cost_per_month = 30 * cost_per_day

# 서버 20대당 운영 비용 계산
cost_per_day_twenty = 20 * cost_per_day
cost_per_month_twenty = 20 * cost_per_month
```

```
# Budgeting
budget = 918
operational_days = budget / cost_per_day
```

결과 출력

```
print('서버의 하루 운용 비용 ${:.2f}.'.format(cost_per_day))
print('서버의 한달 운용 비용 ${:.2f}.'.format(cost_per_month))
print('서버 20대의 하루 운용 비용 ${:.2f}.'.format(cost_per_day_
twenty))
print('서버 20대의 한달 운용 비용 ${:.2f}.'.format(cost_per_
month_twenty))
print('예산 ${0:.2f} 으로 서버 한 대를 {1:.0f} 일 동안 운영할 수 있다.
'.format(budget, operational_days))
```

출력 내용:

서버의 하루 운용 비용 **$12.24.**

서버의 한 달 운용 비용 **$367.20.**

서버 20대의 하루 운용 비용 **$244.80.**

서버 20대의 한 달 운용 비용 **$7344.00.**

예산 918달러로 서버 한 대를 75일 동안 운영할 수 있다.

3장_ 불리언과 조건문

불리언은 참이나 거짓 중 하나를 값으로 가지는 데이터 타입이다. 켜짐 혹은 꺼짐과 같다고 생각해도 된다. 참도 아니고 거짓도 아닌 경우가 없듯이 불리언도 항상 둘 중 하나다. 변수에 불리언 값을 대입할 때는 변수_이름 = 불리언값처럼 쓰면 되고 값은 True나 False가 된다. 여기서 True나 False를 따옴표로 둘러싸면 안 된다. 따옴표로 둘러싸면 문자열이 되니 주의하자.

```
a_boolean = True
the_other_boolean = False
print(a_boolean)
print(the_other_boolean)
```

출력 내용:
True
False

비교 연산자

다음 여섯 개의 연산자는 숫자 값을 서로 비교하여 불리언 값을 반환한다.

연산자	설명
==	같으면 참
>	크면 참
>=	크거나 같으면 참
<	작으면 참
<=	작거나 같으면 참
!=	다르면 참

1 == 2를 보면 "1이 2와 같은가?"라는 질문으로 볼 수 있다. 그렇다면 True고 아니라면 False다. 답은 아니다 이므로 비교 결과는 False다. = 기호는 변수에 값을 대입하는 반면 == 기호는 비교를 수행한다는 점을 주목하자.

```
is_one_equal_to_two = 1 == 2
print(is_one_equal_to_two)
```

출력 내용:

False

파이썬 인터프리터를 열어 숫자 1과 2에 대해 표의 모든 연산을 대화형으로 실행해보자.

```
>>> 1 == 2
False
>>> 1 > 2
False
>>> 1 >= 2
False
>>> 1 < 2
True
>>> 1 <= 2
True
>>> 1 != 2
True
```

불리언 연산자

불리언 논리는 컴퓨터 프로그래밍에서 매우 자주 사용한다. 불리언 연산자에는 and와 or, not이 있다. 이 연산자는 두 구문을 비교하거나 구문의 불리언 값을 뒤집는다. 비교 연산자와 마찬가지로 결과 값은 항상 불리언이다.

연산자	설명
and	두 구문 모두 참일 경우에는 True 아니면 False
or	두 구문 중 하나라도 참인 경우 True 둘 다 거짓이면 False
not	구문이 참이면 거짓, 거짓이면 참으로 값을 뒤집는다.

다음은 불리언 연산자의 실행 결과를 설명하는 진리표다.

```
True and True는 True
True and False는 False
False and True는 False
False and False는 False

True or True는 True
True or False는 True
False or True는 True
False or False는 False

Not True는 False
Not False는 True
```

두 구문을 불리언 and 연산자로 평가해보자. 첫 번째 구문은 37 >
29로 참이니 True다. 두 번째 구문은 37 < 40으로 역시 참이니
True다. 따라서 37 > 29 and 37 < 40 역시 True and True이므로

참에 해당하는 True 값을 가진다.

```
>>> 37 > 29
True
>>> 37 < 40
True
>>> 37 > 29 and 37 < 40
True
>>>
```

37 > 29 or 37 < 40은 어떤 불리언 값일까?

```
>>> 37 > 29 or 37 < 40
True
```

불리언 not 연산자는 구문의 불리언 값을 뒤집는다. 37 > 29는 True이므로 not 37 > 29는 False가 된다.

```
>>> 37 > 29
True
>>> not 37 > 29
False
```

불리언 연산자의 연산 우선 순위는 다음 순서다.

- not
- and
- or

예를 들어 True and False or not False는 True다. 제일 먼저 not False가 평가하여 True가 된다. 다음으로 맨 앞의 True and False를 False로 평가하고 이 값을 or로 True와 연결하여 False or True 즉 True로 평가한다.

```
>>> not False
True
>>> True and False
False
>>> False or True
True
>>> True and False or not False
True
```

연산 순서를 바꾸려면 괄호를 사용한다. 파이썬은 괄호로 둘러싸여 있는 부분을 먼저 계산한다. True and False or not False 는 (True and False) or (not False)와 같으며 ((True and False) or (not False))와 같다. 괄호를 사용하면 식이 어떤 순서로 연산되는지 기억할 필요가 없어 편리하고 순서가 분명히 표현되어 좋다.

조건문

if 구문은 불리언 표현식을 계산하여 값이 True일 경우 하위 코드를 수행한다. 다음 예제를 보자.

```
if 37 < 40:
    print('서른 일곱은 마흔보다 작아요.')
```

출력 내용:

서른 일곱은 마흔보다 작아요.

불리언 표현식 37 < 40은 참이므로 if 구문 아래 들여쓰기 한 코드는 실행된다. 들여 쓴 코드를 코드 블록이라 한다. 같은 깊이만큼 들여 써진 구문은 모두 같은 코드 블록에 포함된다. 코드 블록은 한 줄 이상의 코드를 가진다. 코드 블록은 시작 부분에서 들여 쓰여진 깊이보다 덜 들여 써진 부분을 만나면 끝난다. 코드 블록 안에 다른 코드 블록을 넣는 식의 중첩도 가능하다. 논리적으로 생각해보면 다음과 같다.

첫 번째 코드 블록
    두 번째 코드 블록
    두 번째 코드 블록
        세 번째 코드 블록
첫 번째 코드 블록
첫 번째 코드 블록

코드 블록의 들여쓰기는 일반적으로 네 개의 공백 문자를 사용하지만 강제 사항은 아니다. 원한다면 들여쓰기를 바꿀 수 있다. 네 개 대신 가장 자주 사용되는 들여쓰기 크기는 두 개다. 한 번 공백 문자 개 수를 정했다면 일관되게 사용해야 한다. 공백 두 개 들여쓰기를 사용하기로 했다면 프로그램 전체에서 공백 두 개 들여쓰기만 사용해야 한다. 어쩔 수 없는 경우가 아니라면 일반적인 방법을 추천한다. 공백을 잘 못 사용하는 경우 다음 에러를 볼 것이다.

```
IndentationError: expected an indented block
```

다시 if 구문으로 돌아가자. 눈치챘을지 모르겠지만 if 구문은 항상 콜론으로 끝난다. 다른 예를 살펴보자.

```python
age = 31
if age >= 35:
    print('대통령이 되기에 충분한 나이입니다.')

print('좋은 하루 되세요!')
```

출력 내용:
좋은 하루 되세요!

age >= 35는 거짓이므로 if 구문 아래 코드는 실행되지 않는다. 마지막 줄의 print 함수는 if 구문 밖에 있으므로 항상 실행된다. 이 함수가 있는 줄은 들여쓰기 되지 않았다는 점을 주목하자.

if 구문은 else와 함께 사용할 수 있다. else 아래에서 들여 써진 코드는 if 구문이 거짓일 때 실행된다. if/else 구문을 "구문이 참이면 if 아래 코드를 수행하고, 아니면 else 아래 코드를 수행하라."로 생각하면 된다.

```python
age = 31
if age >= 35:
    print('대통령이 되기에 충분한 나이입니다.')
else:
    print('대통령이 되기에 충분한 나이가 아닙니다.')

print('좋은 하루 되세요!')
```

출력 내용:

대통령이 되기에 충분한 나이가 아닙니다.

좋은 하루 되세요!

"아니라면 만약"이라는 의미의 else if를 줄인 elif를 사용하면 여러 개의 조건 문을 사용할 수 있다. if나 else처럼 elif 구문 역시 콜론으로 마치고 조건이 참일 때 실행할 코드는 구문 바로 아래 들여쓰기로 넣는다.

```
age = 31
if age >= 35:
    print('상원 의원이나 대통령이 되기에 충분한 나이입니다.')
elif age >= 30:
    print('상원 의원이 되기에 충분한 나이입니다.')
else:
    print('상원 의원이나 대통령이 되기에 충분한 나이가 아닙니다.')

print('좋은 하루 되세요!')
```

출력 내용:

상원 의원이 되기에 충분한 나이입니다.

좋은 하루 되세요!

age >= 35는 거짓이므로 if 구문은 실행하지 않는다. age >= 30은 참이므로 elif 아래 코드는 실행됐다. else 아래 코드는 이전의 모든 if와 elif 구문이 거짓으로 평가될 때에만 실행한다. if나 elif의 어느 조건문이라도 참으로 평가되면 남은 elif나 else 블록은 아무것도 실행하지 않는다. 이런 특징을 설명하는 다음 코드를 보자.

```
age = 99
if age >= 35:
    print('상원 의원이나 대변인 혹은 대통령이 되기에 충분한 나이입니
다.')
elif age >= 30:
    print('상원 의원이 되기에 충분한 나이입니다.')
elif age >= 25:
    print('대변인이 되기에 충분한 나이입니다.')
else:
    print('상원 의원이나 대변인 혹은 대통령이 되기에 충분한 나이가 아닙니
다.')

print('좋은 하루 되세요!')
```

출력 내용:
상원 의원이나 대변인 혹은 대통령이 되기에 충분한 나이입니다.
좋은 하루 되세요!

정리

- 불리언은 True 혹은 False 중 하나다.

- 비교 연산자는 숫자 값을 서로 비교하며 그 결과로 불리언 값을 가진다.

- 불리언 연산자(and, or, not)는 두 구문을 비교하거나 구문의 값을 뒤집으며 연산 결과로 불리언 값을 가진다.

- 연산 순서를 바꾸려면 괄호를 사용한다.

- 코드 블록은 같은 깊이로 들여 쓴 코드다.

- 조건문은 if 혹은 if/else 또는 if/elif/else를 가진다.

연습문제
걷거나 차로 가거나 비행기를 타라

사용자에게 얼마나 멀리 여행하고 싶은지 물어보는 프로그램을 만들어라. 3마일 이하로 대답한다면 "걸으세요."라고 말하고 3마일보다 멀고 300마일보다 작다면 "차로 가세요."라고 말해야 한다. 만일 300마일 이상 간다면 "비행기로 가세요."라고 대답해야 한다.

샘플 출력 내용:
몇 마일 떨어진 곳으로 여행하고 싶은가요? 2500
목적지까지 비행기로 가는 것이 좋겠어요.

해답

```
# 거리 물어보기
distance = input('몇 마일 떨어진 곳으로 여행하고 싶은가요? ')

# 거리를 정수로 변환
distance = int(distance)

# 어떻게 이동할지를 결정
if distance < 3:
    mode_of_transport = '도보'
elif distance < 300:
    mode_of_transport = '차'
else:
    mode_of_transport = '비행기'
```

```
# 결과 표시
print('목적지까지 {}로 가는 것이 좋겠어요.'.format(mode_of_
transport))
```

참고자료

- 내장 타입:

  https://docs.python.org/3/library/stdtypes.html

- 연산 순서(PEMDAS):

  http://www.purplemath.com/modules/orderops.htm

- 파이썬 코드 스타일 가이드(PEP 8):

  http://legacy.python.org/dev/peps/pep-0008/

4장_ 함수

컴퓨터 프로그래밍에서 사용하는 개념 중 같은 작업을 반복하지 말라는 의미로 DRY[Don't Repeat Yourself]라는 말이 있다. 파이썬에서는 함수를 통해 만들어 놓은 코드 블록을 재사용할 수 있다. 특정 작업을 수행할 때마다 같은 코드를 여러 번 작성하는 대신 해당 코드를 가진 함수를 호출하기만 하면 된다. 이렇게 하면 프로그램 길이가 줄어들 뿐 아니라 변경하고 테스트하거나 오류를 점검하고 문서화할 대상이 되는 코드를 함수 하나로 한정할 수 있다. 덕분에 애플리케이션 관리도 쉬워진다.

함수는 def 키워드 뒤에 함수 이름을 적어서 만든다. 함수 이름 뒤에는 항상 괄호가 붙는다. 만일 함수가 파라미터[1]를 받는다면 괄호 안에 파라미터 이름을 넣고 여러 개일 경우 쉼표로 분리한다. 그리고 함수 정의 끝에는 항상 콜론이 붙는다. 이제 함수를 호출할 때마다 함수 정의 다음 줄부터 시작하는 코드 블록이 실행될 것이다. 형식은 def 함수_이름():이다. 매우 간단한 예제를 하나 보자.

---

1 엄밀하게는 차이가 있지만, 인자와 파라미터, 매개변수는 같은 뜻으로 이후부터는 혼용해서 사용할 것이다. - 옮긴이

```
def say_hi():
    print('안녕하세요!')
```

이 코드는 아무것도 출력하지 않는다. 함수를 정의하긴 했지만 호출하지 않기 때문이다. 함수를 호출할 때는 항상 괄호를 붙여야 한다.

```
def say_hi():
    print('안녕하세요!')

say_hi()
```

출력 내용:
Hi!

함수를 호출하려면 미리 만들어 놓아야 한다. 따라서 파이썬 프로그램 윗부분에 함수를 만든다. 함수를 만들기 전에 호출하면 어떻게 되는지 다음 예를 살펴보자.

```
say_hi()

def say_hi():
    print('안녕하세요!')
```

출력 내용:
Traceback (most recent call last):
  File "say_hi.py", line 1, in <module>
    say_hi()

NameError: name 'say_hi' is not defined

이제 좀 더 발전시켜서 함수가 파라미터를 받도록 해보자. 파라미터는 함수 안에서 사용할 수 있는 변수 이름이라고 생각하면 된다. 형식은 def 함수_이름(파라미터_이름) :과 같다.

```
def say_hi(name):
    print('안녕하세요 {}!'.format(name))
```

```
say_hi('유건')
say_hi('여러분')
```

출력 내용:
안녕하세요 유건!
안녕하세요 여러분!

한 번 파라미터를 정의하고 나면 이후부터는 함수를 호출할 때 항상 파라미터 값을 전달해야 한다. 그렇지 않으면 에러가 발생한다.

```
def say_hi(name):
    print('안녕하세요 {}!'.format(name))
```

```
say_hi()
```

출력 내용:
```
  File "say_hi.py", line 4, in <module>
    say_hi()
TypeError: say_hi() missing 1 required positional
argument: 'name'
```

파라미터를 넣지 않고도 호출하려면 등호 기호를 사용하여 기본 값

을 지정한다. 형식은 def 함수_이름(파라미터_이름 = 기본_값) : 이다.[2]

```python
def say_hi(name = '아무개씨'):
    print('안녕 {}!'.format(name))


say_hi()
say_hi('은채')
```

출력 내용:
안녕 아무개씨!
안녕 은채!

함수에 여러 개의 파라미터를 전달할 수도 있다. 함수 정의의 괄호
안에 여러 파라미터 이름을 쉼표로 구분하여 넣어주면 된다. 호출
할 때도 마찬가지로 파라미터 값을 쉼표로 분리해서 넣어준다.

```python
def say_hi(first, last):
    print('안녕하세요 {}{}님!'.format(first, last))


say_hi('김', '아무개')
```

출력 내용:
안녕하세요 김아무개님!

함수 호출 시 전달하는 파라미터의 순서가 중요하기 때문에 함수가
받는 파라미터를 위치 매개변수라고도 한다. 예제에서 '아'를 파라
미터 first에 전달하고 '무개'는 last에 전달하는 부분을 보자. 파라

---

2 이렇게 기본값을 정의한 파라미터를 옵션 파라미터라 하고, 함수 호출 시 값을 항상 전달해야 하는 것
  은 필수 파라미터라고 한다. – 옮긴이

미터 이름을 각각 지정해서 함수에 전달하는 방법도 있다. 함수를
호출할 때 파라미터 이름 뒤에 등호 기호를 써서 값을 전달해보자.
파라미터 이름으로 값을 지정하면 더 이상 파라미터의 순서는 중요
하지 않다. 다음 예를 살펴보자.

```
def say_hi(first, last):
    print('안녕하세요 {} {}님!'.format(first, last))

say_hi(first = '김', last = '아무개')
say_hi(last = '길동', first = '홍')
```

출력 내용:
안녕하세요 아무개님!
안녕하세요 홍길동님!

필수 파라미터와 옵션 파라미터를 동시에 사용할 수도 있는데 다음
예에서 볼 수 있다.

```
def say_hi(first, last='아무개'):
    print('안녕하세요 {}{}님!'.format(first, last))

say_hi('김')
say_hi('홍', '길동')
```

출력 내용:
안녕하세요 김아무개님!
안녕하세요 홍길동님!

일반적으로 함수의 첫 줄을 요약 설명 줄이라 하는데 영문으로는
documentation string을 줄여서 docstring이라 한다. 함수를 한

줄로 설명한 후 앞뒤를 큰따옴표 세 개로 묶어준다. 이렇게 하여 함수의 동작을 설명한다. docstring을 작성하고 싶다면 "이 함수가 하는 일이 뭘까?" 혹은 "왜 이 함수가 필요하지?"라고 스스로에게 물어보라. 작성한 docstring은 내장 함수 help()로 접근할 수 있다. 알고 싶은 함수 이름을 인자로 넣어 help()를 호출해보라. 나타난 도움말 화면을 종료하려면 q를 누르면 된다.

```python
def say_hi(first, last='아무개'):
    """인사말을 출력한다."""
    print('안녕하세요 {}{}님!'.format(first, last))


help(say_hi)
```

출력 내용:
Help on function say_hi in module __main__:

say_hi(first, last='아무개')
    인사말을 출력한다.

함수는 특정 작업을 수행할 뿐 아니라 return 구문을 통해 데이터를 반환하기도 한다. 원하는 어떤 데이터도 반환할 수 있다. return을 호출하면 함수의 나머지 코드는 더 이상 실행되지 않는다. 다음 코드의 문자열을 반환하는 함수를 보자.

```python
def odd_or_even(number):
    """숫자가 홀수인지 짝수인지 확인한다."""
    if number % 2 == 0:
        return '짝수'
    else:
```

```
        return '홀수'

odd_or_even_string = odd_or_even(7)
print(odd_or_even_string)
```

출력 내용:

홀수

비슷한 방법으로 불리언을 반환하는 함수를 보자.

```
def is_odd(number):
    """숫자가 홀수인지 확인하기."""
    if number % 2 == 0:
        return False
    else:
        return True


print(is_odd(7))
```

출력 내용:

True

함수를 호출하는 함수를 만들 수도 있다. 예제를 보자.

```
def get_name():
    """이름을 받아 반환하기"""
    name = input('이름이 어떻게 되세요? ')
    return name


def say_name(name):
    """이름 말하기"""
```

```
print('당신의 이름은 {}입니다.'.format(name))

def get_and_say_name():
    """이름을 받아 출력하기"""
    name = get_name()
    say_name(name)

get_and_say_name()
```

출력 내용:
이름이 어떻게 되세요? 은채
당신의 이름은 은채입니다.

정리

- 함수는 특정 동작을 수행하는 재사용 가능한 코드 블록이며 데이터를 반환할 수도 있다.

- 함수는 사용하려면 먼저 정의되어 있어야 한다.

- 함수 정의를 위한 기본 문법: def 함수_이름(파라미터_이름):

- 함수에 파라미터를 전달할 수 있으며 기본값을 지정한 경우 옵션 파라미터라 한다.

- 함수의 첫 줄에 docstring을 표시할 수 있다.

- return 구문은 함수를 종료하며 함께 표기된 내용을 반환한다.

- 특정 객체의 도움말을 보려면 내장 함수 help()를 사용한다. help()를 지원한다면 함수 내부에 정의된 docstring을 출력할 것이다.

연습문제

빈 낱말 채우기 게임

빈 낱말을 채우는 게임을 만들어라. 프롬프트를 띄워 사용자로부터 명사나 동사 그리고 부사를 입력 받은 후 이 값으로 빈칸을 채워 이야기를 출력하라.

- 짧은 이야기를 하나 만들고 명사와 동사, 부사를 지운다.
- 사용자 입력을 받는 함수를 만든다.
- 만든 이야기의 빈칸을 채워 넣는 함수를 만든다.
- 모든 함수는 docstring을 가져야 한다.
- 사용자로부터 명사와 동사, 부사를 입력 받은 후 그 값을 사용하여 이야기를 출력한다.

해답

```
def get_word(word_type):
    """사용자로부터 단어를 입력 받은 후 그 단어를 반환한다."""
    return input('{0}를 입력하세요: '.format(word_type))

def fill_in_the_blanks(noun, verb, adjective):
    """빈칸을 채워 이야기를 만든다."""
    story = "이 책을 통해 여러분은 {1}을(를) 배운다. 너무 쉬워서 {0}
도 할 수 있다. {2} 내용이 될 것임을 믿어주기 바란다.".format(noun,
verb, adjective)
    return story

def display_story(story):
    """이야기를 표시한다."""
```

```python
    print()
    print('이야기가 만들어졌어요. 읽어보세요!')
    print()
    print(story)

def create_story():
    """입력을 받아 이야기를 만들고 출력한다."""
    noun = get_word('명사')
    verb = get_word('동사')
    adjective = get_word('형용사')

    the_story = fill_in_the_blanks(noun, verb, adjective)
    display_story(the_story)

create_story()
```

출력 내용:

명사를 입력하세요: 연필

동사를 입력하세요: 프로그래밍

형용사를 입력하세요: 중요한

이야기가 만들어졌어요. 읽어보세요!

이 책을 통해 여러분은 프로그래밍을(를) 배운다. 너무 쉬워서 연필도 할 수 있다. 중요한 내용이 될 것임을 믿어주기 바란다.

참고자료

- DRY:

  https://en.wikipedia.org/wiki/Don%27t_repeat_yourself

- 내장 함수 help() 관련 문서:

  https://docs.python.org/3/library/functions.html#help

- Docstring 관례(PEP 257):

  http://legacy.python.org/dev/peps/pep-0257/

5장_ 리스트

지금까지 문자열과 정수, 부동소수점 수와 불리언 데이터 타입에 대해 배웠다. 리스트는 원소을 주어진 순서대로 보관하는 데이터 타입이다. 리스트에 보관하는 원소이나 값은 매우 다양한 데이터 타입이 될 수 있다. 리스트 안에 리스트를 보관할 수도 있다.

리스트는 대괄호 안에 쉼표로 값을 구분하여 넣으면 만들어진다. 형식은 리스트_이름 = [원소_1, 원소_2, 원소_N]과 같다. 빈 리스트를 만들 때는 리스트_이름 = []처럼 쓴다. 리스트 내 원소은 색인 번호로 접근할 수 있다. 리스트 색인은 0부터 시작하므로 리스트의 첫 번째 원소은 색인 0번이고 두 번째 원소은 색인 1번이다. 원소에 접근하려면 리스트 이름 바로 뒤에 대괄호를 붙이고 대괄호 안에 색인 번호를 쓴다. 리스트_이름[색인번호]처럼 사용한다.

```
animals = ['사람', '곰', '돼지']
print(animals[0])
print(animals[1])
print(animals[2])
```

출력 내용:
사람
곰
돼지

색인으로 값을 읽을 뿐 아니라 쓸 수도 있다.

```
animals = ['사람', '곰', '돼지']
print(animals[0])
animals[0] = '고양이'
print(animals[0])
```

출력 내용:
사람
고양이

리스트의 맨 뒤 원소은 음수 색인 번호로 접근한다. 색인 -1은 리스트의 마지막 원소을 나타내며 -2는 뒤에서 두 번째 원소을 나타낸다.

```
animals = ['사람', '곰', '돼지']
print(animals[-1])
print(animals[-2])
print(animals[-3])
```

출력 내용:
돼지
곰
사람

리스트에 원소 추가

리스트의 맨 뒤에 원소을 추가할 때는 append() 메소드에 추가할
원소을 파라미터로 넣어 호출한다.

```
animals = ['사람', '곰', '돼지']
animals.append('소')
print(animals[-1])
```

출력 내용:
소

리스트의 맨 뒤에 여러 개의 원소을 넣으려면 extend() 메소드를
사용한다. extend() 메소드는 리스트를 파라미터로 줄 수 있다. 대
괄호로 둘러싼 리스트를 만들어 넣거나 리스트 이름을 인자로 넣고
호출하면 된다.

```
animals = ['사람', '곰', '돼지']
animals.extend(['소', '오리'])
print(animals)

more_animals = ['말', '개']
animals.extend(more_animals)
print(animals)
```

출력 내용:
```
['사람', '곰', '돼지', '소', '오리']
['사람', '곰', '돼지', '소', '오리', '말', '개']
```

Insert() 메소드를 사용하면 원소 한 개를 리스트의 특정 위치에 넣을 수도 있다. 넣으려는 위치의 색인번호를 첫 번째 파라미터로 전달하고 쉼표로 구분 후 두 번째 파라미터로 원소을 전달하여 호출한다. 그러면 리스트의 모든 원소이 한 칸씩 뒤로 이동한다.

```
animals = ['사람', '곰', '돼지']
animals.insert(0, '말')
print(animals)

animals.insert(2, '오리')
print(animals)
```

출력 내용:

```
['말', '사람', '곰', '돼지']
['말', '사람', '오리', '곰', '돼지']
```

슬라이스

리스트의 특정 범위를 슬라이스라 하는데 대괄호 안에 콜론으로 구분한 색인 값을 사용한다. 슬라이스로 주어진 첫 번째 색인 위치의 원소 값은 포함하지만 두 번째 색인 위치의 원소 값은 포함하지 않는다. 첫 번째 색인 값을 생략하면 0으로 간주한다. 두 번째 색인 값을 생략하면 리스트 내 원소 수로 간주한다.

```
animals = ['사람', '곰', '돼지', '소', '오리', '말']

some_animals = animals[1:4]
print('동물 몇가지: {}'.format(some_animals))
```

```
first_two = animals[0:2]
print('처음 두 동물: {}'.format(first_two))

first_two_again = animals[:2]
print('처음 두 동물: {}'.format(first_two_again))

last_two = animals[4:6]
print('맨 뒤 두 동물: {}'.format(last_two))

last_two_again = animals[-2:]
print(''맨 뒤 두 동물: {}'.format(last_two_again))
```

출력 내용:
```
동물 몇가지: ['곰', '돼지', '소']
처음 두 동물: ['사람', '곰']
처음 두 동물: ['사람', '곰']
맨 뒤 두 동물: ['오리', '말']
맨 뒤 두 동물: ['오리', '말']
```

문자열 슬라이스

슬라이스 개념을 문자열에 적용할 수도 있다. 문자열을 문자가 들어 있는 리스트로 생각하자.

```
part_of_a_dog = '복슬강아지'[1:3]
print(part_of_a_dog)
```

출력 내용:
```
슬강
```

리스트에서 원소 찾기

index() 메소드는 값을 파라미터로 받아 리스트의 원소 중에 같은 값이 있으면 처음 발견한 위치의 색인 값을 반환한다. 예를 들어 animals 리스트에 bear가 두 번 나타난다면 animals.index('곰')은 곰이 먼저 나타난 위치의 색인 값을 반환한다. 값이 존재하지 않는다면 파이썬은 예외를 던진다.

```
animals = ['사람', '곰', '돼지']
bear_index = animals.index('곰')
print(bear_index)
```

출력 내용:
```
1
```

예외

예외는 여러분의 프로그램이 무언가 잘못됐거나 기대하지 않은 일이 발생했음을 알려주는 전형적인 방법이다. 프로그램에서 발생한 예외를 적절히 처리해주지 않으면 파이썬은 예외 메시지를 출력 후 프로그램을 멈춘다. 처리하지 않은 예외를 다음 예에서 보자.

```
animals = ['사람', '곰', '돼지']
cat_index = animals.index('고양이')
print(cat_index)
```

출력 내용:
```
Traceback (most recent call last):
  File "exception_example.py", line 2, in <module>
```

```
cat_index = animals.index('고양이')
ValueError: '고양이' is not in list
```

이러한 메시지는 코드에서 오류를 찾아 고치는 데 매우 유용하다. 예제에서 볼 수 있는 것처럼 파이썬은 예외가 발생한 지점의 줄 번호와 코드까지 출력한다.

파이썬이 예외를 만났을 때 종료되지 않게 하려면 프로그램에게 예외 발생 시 어떻게 동작할지를 알려주면 된다. 예외가 발생할 만한 코드를 try/except 블록에 담는다. 앞의 예제에 try/except 블록을 넣어보자.

```
animals = ['사람', '곰', '돼지']
try:
    cat_index = animals.index('고양이')
except:
    cat_index = '고양이를 찾지 못했습니다.'
print(cat_index)
```

출력 내용:
고양이를 찾지 못했습니다.

try: 안쪽 코드를 실행하다 예외를 만나면 except: 코드 블록을 실행한다. try: 코드 블록에서 예외가 발생하지 않으면 except: 코드 블록은 실행되지 않는다.

리스트 순회

리스트 안의 모든 원소에 대해 어떤 일을 수행하려면 루프를 사용한다. 형식은 for 원소_변수 in 리스트_이름:이다. if 구문이나 함수 정의처럼 for 구문도 콜론으로 끝난다. for 구문 아래의 코드 블록은 리스트의 모든 원소에 대해 실행된다. 구체적으로 설명하자면 먼저 list[0]가 원소_변수의 값이 되어 코드 블록을 수행하고 다음으로 list[1]이 원소_변수의 값이 되어 코드 블록을 수행하는 식으로 리스트의 모든 원소에 대해 동작한다. 리스트에 더 이상 수행할 원소이 없다면 코드 블록을 빠져 나온다.

animal 리스트의 모든 원소을 대문자로 출력하는 다음 예를 보자.

```
animals = ['man', 'bear', 'pig']
for animal in animals:
    print(animal.upper())
```

출력 내용:

MAN

BEAR

PIG

파이썬에는 for 루프 외에 while 루프도 있다. 형식은 while 조건: 다음 줄부터 코드 블록을 작성한다. 조건이 참으로 평가되는 동안 while 아래의 코드 블록을 실행한다. 일반적으로 코드 블록은 실행 중에 조건 문에 있는 특정 변수의 값을 변경한다. 그래서 어느 순간이 되면 조건 문은 거짓이 되고 프로그램은 while 루프를 벗어나 다음 코드를 실행한다. 조건이 항상 거짓으로 평가되지 않는다면 무한 루프에 빠진다. 파이썬 프로그램 실행을 멈추려면 Ctrl+C를 누른다. 실수로 무한 루프를 만들었다면 Ctrl+C로 빠져나올 수 있다.

다음 예제는 동물 리스트에 대한 색인으로 사용할 정수를 저장할 index 변수를 만든다. while 루프는 index의 값이 animals 리스트의 길이보다 작은 동안 실행된다. 코드 블록은 실행 중에 index 변수의 값을 1씩 증가시킨다. += 연산자는 좌변의 현재 값과 우변 값을 더하여 새로운 좌변 값으로 설정한다. index += 1은 index 변수를 1만큼 증가시킨다.

```
animals = ['사람', '곰', '돼지', '소', '오리', '말', '개']

index = 0

while index < len(animals):
    print(animals[index])
    index += 1
```

출력 내용:
사람
곰
돼지
소
오리
말
개

리스트 정렬

리스트 정렬은 아무 인자 없이 sort()를 호출하기만 하면 현재 리스트를 정렬한다. 정렬하여 새 리스트로 만들고 싶다면 내장 함수 sorted()에 리스트를 인자로 담아 호출한다.

```
animals = ['사람', '곰', '돼지']
sorted_animals = sorted(animals)
print('동물 리스트: {}'.format(animals))
print('정렬한 동물 리스트: {}'.format(sorted_animals))
animals.sort()
print('정렬 메소드 호출 후 동물 리스트: {}'.format(animals))
```

출력 내용:
동물 리스트: ['사람', '곰', '돼지']
정렬한 동물 리스트: ['곰', '돼지', '사람']
정렬 메소드 호출 후 동물 리스트: ['곰', '돼지', '사람']

리스트 병합

두 개 이상의 리스트를 병합하거나 이어 붙이려면 덧셈 기호를 사용한다.

```
animals = ['사람', '곰', '돼지']
more_animals = ['소', '오리', '말']
all_animals = animals + more_animals
print(all_animals)
```

출력 내용:

['사람', '곰', '돼지', '소', '오리', '말']

리스트 안에 몇 개의 원소이 있는 지 보려면 내장 함수 len()에 리스트를 넣어 호출한다.

```
animals = ['사람', '곰', '돼지']
print(len(animals))
animals.append('소')
print(len(animals))
```

출력 내용:

3

4

범위

내장 함수 range()는 숫자로 이루어진 리스트를 만드는데 종종 for 구문과 함께 사용한다. 어떤 동작을 특정 횟수만큼만 반복하거나 리스트의 각 색인에 접근해야 할 경우 상당히 유용하다.

range() 함수를 사용할 때는 최소한의 파라미터로 범위의 끝을 알려줘야 한다. range()는 기본적으로 0부터 하나씩 증가하는 값을 담은 리스트를 만드는데, 범위 끝은 포함하지 않는다. N개의 원소을 가진 리스트를 만들려면 range(N)처럼 range() 함수에 N을 전달한다. 원소 세 개를 가진 리스트는 range(3)으로 만들 수 있는데 0, 1, 2를 담은 리스트를 반환한다.

```
for number in range(3):
    print(number)
```

출력 내용:
```
0
1
2
```

범위를 별도로 지정할 수도 있다. range(start, stop)처럼 사용한
다. 1에서 시작하고 3 전에 끝내려면 range(1, 3)을 쓴다. 이 경우
다음처럼 원소이 두 개밖에 없는 리스트를 만든다.

```
for number in range(1, 3):
    print(number)
1
2
```

range() 함수에 범위의 시작과 끝뿐 아니라 값을 얼마씩 증가시킬
지도 지정할 수 있는데 이때 전달하는 값을 스텝 파라미터라고 한
다. 세 파라미터를 모두 사용하는 경우 첫 번째 인자로 범위의 시작
값이 들어가고 두 번째로는 끝내는 값 그리고 마지막으로 스텝 값
이 들어간다. 스텝은 값이 지정되지 않은 경우 1이 기본 값이다. 1
부터 10까지의 모든 홀수를 만들어 보자.

```
for number in range(1, 10, 2):
    print(number)
```

출력 내용:

1

3

5

7

9

리스트의 홀수 번째 원소만 출력하기 위해 range() 함수를 사용하는 예도 살펴보자.

```
animals = ['사람', '곰', '돼지', '소', '오리', '말', '개']
for number in range(0, len(animals), 2):
    print(animals[number])
```

출력 내용:

사람

돼지

오리

개

정리

- 리스트는 대괄호 사이에 원소를 쉼표로 구분하여 넣어 만든다. 리스트_이름 = [원소_1, 원소_2, 원소_N]과 같은 형식으로 사용한다.

- 리스트의 원소는 색인 번호로 접근 가능한데 0부터 시작한다. 리스트_이름[색인번호]처럼 사용한다.

- 리스트의 끝 부분 원소에 접근하려면 음수 색인 번호를 사용한다. 리스트_이름[-1]은 리스트의 마지막 원소다.

- 리스트에 원소를 추가하려면 append()나 extend() 리스트 메소드를 사용한다.

- 리스트의 특정 범위에 접근할 때는 슬라이스를 사용한다. 리스트_이름(시작색인, 끝색인)처럼 쓴다.

- 리스트 메소드인 index()는 값을 전달받아 이 값과 일치하는 원소가 들어있는 첫 번째 색인을 반환한다. 리스트_이름.index(값)처럼 사용한다.

- 리스트를 순회하려면 for 루프를 사용한다. for 원소_변수 in 리스트_이름:처럼 쓰고 다음 줄부터 순회할 코드를 작성한다.

- while 루프는 조건문이 참인 동안 코드 블록을 계속 수행한다. while 조건문:처럼 쓰고 다음 줄부터 반복할 코드 블록을 작성한다.

- 리스트 정렬은 sort() 메소드나 내장 함수 sorted()를 사용한다.

- 내장 함수 range()는 숫자 리스트를 반환한다. range(시작, 끝, 스텝) 형식으로 사용한다.

- 처리되지 않은 예외는 파이썬 프로그램을 종료시킨다. try/except 블록으로 예외를 처리할 수 있다.

연습문제

할 일 목록

개인의 할 일 목록을 받아 출력하는 프로그램을 작성하라. 빈 줄을 입력할 때까지 계속 할 일 원소을 받고, 모든 원소을 받은 후 사용자에게 할 일 목록을 출력하라.

샘플 출력 내용:

할 일 목록에 들어갈 일을 입력하세요. 더 이상 없으면 <enter>를 누르세요:
고양이 밥 사기.
추가하였습니다.
할 일 목록에 들어갈 일을 입력하세요. 더 이상 없으면 <enter>를 누르세요:
잔디 깎기.
추가하였습니다.
할 일 목록에 들어갈 일을 입력하세요. 더 이상 없으면 <enter>를 누르세요:
세상을 정복하기.
추가하였습니다.
할 일 목록에 들어갈 일을 입력하세요. 더 이상 없으면 <enter>를 누르세요:
당신의 할 일 목록:

고양이 밥 사기.
잔디 깎기.
세상을 정복하기.

해답

```
# 할 일 목록을 담는 리스트 만들기
to_do_list = []
finished = False
while not finished:
```

```
    task = input('할 일 목록에 들어갈 일을 입력하세요. 더 이상 없으면
<enter>를 누르세요: ')
    if len(task) == 0:
        finished = True
    else:
        to_do_list.append(task)
        print('추가하였습니다.')

# 할 일 목록 표시하기
print()
print('당신의 할 일 목록:')
print('-' * 16)
for task in to_do_list:
    print(task)
```

참고자료

- 자료 구조(리스트):

  https://docs.python.org/3/tutorial/datastructures.html

- 예외:

  https://docs.python.org/3/library/exceptions.html

- For 루프:

  https://wiki.python.org/moin/ForLoop

- 예외 처리:

  https://wiki.python.org/moin/HandlingExceptions

- Sorted 함수:

    https://docs.python.org/3/library/functions.html#sorted

- While 루프:

    https://wiki.python.org/moin/WhileLoop

6장_ 딕셔너리

딕셔너리'는 키-값 쌍을 보관하는 데이터 타입이다. 여기서 키-값을 원소라 부른다. 여러분은 앞으로 딕셔너리가 연관 배열이나 해시, 해시 테이블 같은 이름으로도 불리는 것을 듣게 될 것이다.

딕셔너리는 중괄호 안에 쉼표로 구분된 원소을 넣어 만든다. 원소은 키를 먼저 쓰고 세미콜론을 붙인 뒤에 값을 써 넣으면 된다. 딕셔너리_이름 = { 키_1: 값_1, 키_N: 값_N}처럼 사용한다. 빈 딕셔너리는 딕셔너리_이름 = {}처럼 쓰면 만들어진다.

딕셔너리의 원소는 키로 접근한다. 딕셔너리 이름 바로 뒤에 대괄호를 쓰고 안에 접근할 원소의 키를 넣으면 된다. 딕셔너리_이름[키]처럼 쓴다.

```
contacts = {'유건': '555-0123', '은채': '555-0987'}
yugeon_phone = contacts['유건']
eunchae_phone = contacts['은채']
```

---

1 사전이라 불러도 되지만 딕셔너리로 부르는 경우가 많으므로 이 책에서는 딕셔너리로 부른다. 사상 관계를 나타낸다는 의미로 맵이라 칭하기도 한다. – 옮긴이

```
print('유건의 전화번호는 {} 입니다.'.format(yugeon_phone))
print('은채의 전화번호는 {} 입니다.'.format(eunchae_phone))
```

출력 내용:

유건의 전화번호는 555-0123 입니다.

은채의 전화번호는 555-0987 입니다.

키로 값을 읽을 뿐 아니라 설정할 수도 있다. 딕셔너리_이름[키] = 값 처럼 사용한다.

```
contacts = {'유건': '555-0123', '은채': '555-0987'}
contacts['유건'] = '555-0000'
yugeon_phone = contacts['유건']
print('유건의 전화번호는 {} 입니다.'.format(yugeon_phone))
```

출력 내용:

유건의 전화번호는 555-0000 입니다.

딕셔너리에 원소 추가

딕셔너리에 새로운 원소을 할당하려면 딕셔너리_이름[새로운_키] = 값과 같은 형식의 할당 문을 사용한다. 딕셔너리의 원소 개수는 내장 함수 len()에 딕셔너리를 파라미터로 넘기면 얻을 수 있다.

```
contacts = {'유건': '555-0123', '은채': '555-0987'}
contacts['정화'] = '555-0570'
print(contacts)
print(len(contacts))
```

출력 내용:
{'유건': '555-0123', '은채': '555-0987', '정화': '555-0570'}
3

딕셔너리에서 원소 제거

딕셔너리에서 원소을 제거하려면 del 문을 사용한다. del 딕셔너리_
이름[키]처럼 쓰면 된다.

```
contacts = {'유건': '555-0123', '은채': '555-0987'}
del contacts['유건']
print(contacts)
```

출력 내용:
{'은채': '555-0987'}

딕셔너리에 저장하는 값이 모두 같은 데이터 타입일 필요는 없다.
다음 예에서 키 은채는 문자열 값을 가지는 데 반해 유건은 리스트
를 값으로 가진다.

```
contacts = {
    '유건': ['555-0123', '555-0000'],
    '은채': '555-0987'
}
print('유건:')
print(contacts['유건'])
print('은채:')
print(contacts['은채'])
```

출력 내용:
유건:
['555-0123', '555-0000']
은채:
555-0987

그런데 코드를 잘 보면 contacts 딕셔너리에 키-값을 지정할 때 읽기 쉽도록 공백을 사용하여 들여쓰기 한 부분을 볼 수 있다. 프로그래밍 문법에 어긋나지 않기 때문에 파이썬은 중괄호 내부의 들여쓰기에 사용된 공백을 무시한다.

딕셔너리_이름['키_이름']이 가리키는 값을 직접 대입한 것처럼 코드를 작성해도 된다. 유건의 전화번호를 다음 예처럼 for 루프로 순회할 수 있다.

```python
contacts = {
    '유건': ['555-0123', '555-0000'],
    '은채': '555-0987'
}
for number in contacts['유건']:
    print('전화번호: {}'.format(number))
```

출력 내용:
전화번호: 555-0123
전화번호: 555-0000

딕셔너리에서 키 찾기

딕셔너리에 특정 키가 존재하 지 알고 싶다면 값 in 딕셔너리_이름 문법을 사용한다. 딕셔너리에 키가 있다면 True를 없다면 False를 반환한다.

```
contacts = {
    '유건': ['555-0123', '555-0000'],
    '은채': '555-0987'
}

if '유건' in contacts:
    print("유건의 전화번호입니다:")
    print(contacts['유건'][0])

if '정화' in contacts:
    print("정화의 전화번호입니다:")
    print(contacts['정화'][0])
```

출력 내용:
유건의 전화번호입니다:
555-0123

'유건' in contacts는 참이기 때문에 True가 되고 if 구문 이하 코드 블록을 실행한다. 하지만 '정화' in contacts는 거짓이므로 아래의 코드 블록을 실행하지 않는다. contacts['유건']에는 리스트가 들어있기 때문에 리스트처럼 사용한다. contacts['유건'][0]은 리스트의 첫 번째 원소를 반환한다.

딕셔너리에서 값 찾기

딕셔너리 메소드인 values()는 딕셔너리의 값만 리스트 형태로 반환한다. 리스트에 특정 값이 있는 지 보려면 값 in 리스트처럼 쓰면 된다. 값이 있으면 True 없으면 False를 반환한다.

```
contacts = {
    '유건': ['555-0123', '555-0000'],
    '은채': '555-0987'
}

print ('555-0987' in contacts.values())
```

출력 내용:
True

딕셔너리 순환

딕셔너리를 순환하는 형식 중 하나로 for 키_변수 in 딕셔너리_이름:이 있다. 딕셔너리의 모든 원소에 대해 하위 코드 블록을 실행한다. 루프 안에서 딕셔너리_이름[키_변수]로 값에 접근한다. 리스트와 달리 딕셔너리의 원소은 순서가 없다. for 루프는 딕셔너리 내부 모든 원소을 정해진 순서 없이 접근한다.

다음 예제의 contacts처럼 딕셔너리 이름은 복수로 표기하는 것이 일반적이다. 딕셔너리 이름을 단수형으로 바꿔 for 루프에서 사용할 키 변수의 이름으로 사용하는 것 역시 흔히 볼 수 있다. 예를 들어 for contact in contacts:나 for person in people:이 있다.

```
contacts = {
    '유건': '555-0123',
    '은채': '555-0987'
}
for contact in contacts:
    print('{0}의 전화번호는 {1}입니다.'.format(contact,
contacts[contact]))
```

출력 내용[2]
은채의 전화번호는 **555-0987**입니다.
유건의 전화번호는 **555-0123**입니다.

딕셔너리 원소을 for 루프로 순환할 때 두 개의 변수를 사용할 수
도 있다. 첫 번째 변수는 키가 되고 두 번째 변수는 값이 된다. 형식
은 for 키_변수, 값_변수 in 딕셔너리_이름.items():이다.

```
contacts = {'유건': '555-0123', '은채': '555-0987'}
for person, phone_number in contacts.items():
    print('{0}의 전화번호는 {1}입니다.'.format(person, phone_
number))
```

출력 내용:
은채의 전화번호는 **555-0987**입니다.
유건의 전화번호는 **555-0123**입니다.

---

2 딕셔너리 순환은 순서를 보장하지 않기 때문에 출력 내용에서 각 줄의 순서가 다를 수 있다. – 옮긴이

중첩된 딕셔너리

딕셔너리의 값은 아무 타입이나 사용할 수 있으므로 딕셔너리 안에 딕셔너리를 넣을 수도 있다. 다음 예에서 사람 이름을 contact 딕셔너리의 키로 사용하면서 phone과 email을 중첩된 딕셔너리의 키로 사용하고 있다. 연락처 목록에서 각 사람은 전화번호와 이메일 주소를 가지고 있다. 만일 유건의 이메일 주소를 알고 싶다면 contacts['유건']['이메일']로 알아낼 수 있다.

콜론이나 따옴표 그리고 쉼표나 대괄호의 위치를 주의하자. 예제처럼 공백으로 들여 쓰면 코드에 기록된 데이터를 이해하기 쉽다.

```python
contacts = {
    '유건': {
        '전화번호': '555-0123',
        '이메일': 'yugeon@example.com'
    },
    '은채': {
        '전화번호': '555-0987',
        '이메일': 'eunchae@example.com'
    }
}

for contact in contacts:
    print("{}의 연락처 정보:".format(contact))
    print(contacts[contact]['전화번호'])
    print(contacts[contact]['이메일'])
```

출력 내용:

유건의 연락처 정보:

555-0123

yugeon@example.com

은채의 연락처 정보:

555-0987

eunchae@example.com

정리

- 딕셔너리는 키-값 쌍을 보관하며 이를 원소이라 부른다.

  딕셔너리_이름 = {키_1: 값_1, 키_N: 값_N}

- 딕셔너리에 보관된 값은 키로 접근한다.

  딕셔너리_이름[키]

- 할당 문을 사용하여 딕셔너리에 값을 추가하거나 변경할 수 있다.

  딕셔너리_이름[키] = 값

- 딕셔너리의 원소를 제거하려면 del 구문을 사용한다.

  del 딕셔너리_이름[키]

- 키가 딕셔너리에 존재하는지 보려면 키_값 in 딕셔너리_이름과 같은 형식을 사용하며 이때 불리언 값이 반환된다.

- 딕셔너리 메소드 values()는 딕셔너리에 보관된 모든 값을 리스트로 만들어 반환한다.

- 딕셔너리는 for 키_변수 in 딕셔너리_이름: 구문으로 루프를 돌 수 있다.

- 딕셔너리는 아무 데이터 타입이나 값이 될 수 있기 때문에 다른 딕셔너리를 포함할 수도 있다.

연습문제

흥미로운 사실들

사람들의 목록과 각 사람의 특징을 기록한 딕셔너리를 만들어라. 화면에 각 사람과 그 사람의 특징을 출력하라. 그리고 이 중 한 사람의 특징을 변경해보고 새로운 사람을 특징과 함께 추가하라. 이제 새로 바뀐 인물 목록을 다시 출력하라. 프로그램을 여러 번 실행해 보고 순서가 바뀌는지 확인해보자.

샘플 출력 내용:

윤진: 광대를 무서워해요.
은채: 피아노를 쳐요.
미지: 비행기를 날려요.

윤진: 높은 곳이 무서워요.
은채: 피아노를 쳐요.
미지: 비행기를 날려요.
은호: 홀라 댄스를 출 수 있어요.

해답

```
def display_facts(facts):
    """사실들을 출력하기"""
```

```
    for fact in facts:
        print('{}: {}'.format(fact, facts[fact]))
    print()

facts = {
    '미지': '비행기를 날려요.',
    '윤진': '광대를 무서워해요.',
    '은채': '피아노를 쳐요.'
}

display_facts(facts)

facts['윤진'] = '높은 곳이 무서워요.'
facts['은호'] = '훌라 댄스를 출 수 있어요.'

display_facts(facts)
```

참고자료

* 자료 구조(딕셔너리):

  https://docs.python.org/3/tutorial/datastructures.html

7장_ 튜플

불변 리스트를 튜플이라 하는데 한 번 만들면 바꿀 수 없다. 리스트는 값을 넣거나 빼거나 바꿀 수 있지만 튜플은 그렇게 할 수 없다. 리스트처럼 값이 순서대로 들어 있고 색인으로 접근하는 점은 동일하고 리스트에서 수행하던 연산의 대부분을 튜플에서도 할 수 있다. for 루프로 값을 순회하거나 두 개 이상의 튜플을 합치는 것도 가능하며 음수 색인으로 튜플의 뒤에서부터 접근할 수도 있다. 또 특정 범위를 슬라이스로 접근하는 것도 가능하다. 튜플은 괄호 안에 쉼표로 구분된 값을 넣으면 만들어진다. 튜플_이름 = (원소_1, 원소_2, 원소_N)처럼 쓴다. 만일 원소이 하나뿐이면 반드시 튜플_이름 = (원소_1,)처럼 원소 뒤에 쉼표를 붙여줘야 한다.[1]

데이터가 바뀔 일이 없거나 바뀌면 안 되는 경우 튜플은 매우 유용하다. 데이터가 의도치 않게 바뀔 가능성을 튜플로 사전에 예방할 수 있기 때문이다. 바뀌지 않는 값으로 한 주의 요일이 있다.

---

1 만일 쉼표가 없다면 a = (1) 에서 1이 값에 괄호가 붙은 것인지 원소이 한 개뿐인 튜플인지 구별할 수 없기 때문이다. – 옮긴이

```
days_of_the_week = ('일요일', '월요일', '화요일', '수요일', '목
요일', '금요일', '토요일')
sunday = days_of_the_week[0]
print(sunday)
print()

for day in days_of_the_week:
    print(day)

# 튜플 내의 값을 바꿀 수 없다.  바꾸려 할 경우 예외가 발생한다.
days_of_the_week[0] = '새 일요일'
```

출력 내용:
일요일

일요일
월요일
화요일
수요일
목요일
금요일
토요일

```
Traceback (most recent call last):
  File "tuples.py", line 10, in <module>
    days_of_the_week[0] = '새 일요일'
TypeError: 'tuple' object does not support item assignment
```

튜플의 값을 변경할 순 없더라도 del 구문을 사용하여 튜플 전체를
지워버리는 것은 가능하다.

```
days_of_the_week = ('일요일', '월요일', '화요일', '수요일', '목
요일', '금요일', '토요일')
print(days_of_the_week)
del days_of_the_week
# 튜플이 지워졌기 때문에 아래 구문에서 예외가 발생한다.
print(days_of_the_week)
```

출력 내용:
```
('일요일', '월요일', '화요일', '수요일', '목요일', '금요일', '토요
일')
Traceback (most recent call last):
  File "tuples2.py", line 5, in <module>
    print(days_of_the_week)
NameError: name 'days_of_the_week' is not defined
```

튜플과 리스트 변환

튜플로 리스트를 만들려면 내장 함수 list()에 튜플을 담아 호출한
다. 반대로 리스트로부터 튜플을 만들려면 내장 함수 tuple()을 사
용한다. 내장 함수 type()은 전달된 객체의 타입을 알려준다.

```
days_of_the_week_tuple = ('일요일', '월요일', '화요일', '수요
일', '목요일', '금요일', '토요일')
days_of_the_week_list = list(days_of_the_week_tuple)
print('요일 튜플은 {}입니다.'.format(type(days_of_the_week_
tuple)))
print('요일 리스트는 {}입니다..'.format(type(days_of_the_week_
list)))

animals_list = ['사람', '곰', '돼지']
```

```
animals_tuple = tuple(animals_list)
print('동물 리스트는 {}입니다.'.format(type(animals_list)))
print('동물 튜플은 {}입니다.'.format(type(animals_tuple)))
```

출력 내용:

요일 튜플은 <class 'tuple'>입니다.

요일 리스트는 <class 'list'>입니다.

동물 리스트는 <class 'list'>입니다.

동물 튜플은 <class 'tuple'>입니다.

튜플 순환

튜플 내 원소에 대해 어떤 작업을 하고 싶다면 for 루프를 사용한다. for 원소_변수 in 튜플_이름:처럼 쓴 후 실행할 코드 블록을 다음 줄부터 작성한다.

```
days_of_the_week = ('일요일', '월요일', '화요일', '수요일', '목
요일', '금요일', '토요일')
for day in days_of_the_week:
    print(day)
```

출력 내용:

일요일

월요일

화요일

수요일

목요일

금요일

토요일

튜플 대입

튜플을 사용하면 여러 변수에 값을 한 번에 대입할 수 있다. 다음 예제는 days_of_the_week 튜플을 사용하여 sun, mon, tue, wed, thr, fri, sat 변수에 각 요일 이름을 대입한다.

```
days_of_the_week = ('일요일', '월요일', '화요일', '수요일', '목
요일', '금요일', '토요일')
(sun, mon, tue, wed, thr, fri, sat) = days_of_the_week
print(mon)
print(fri)
```

출력 내용:
월요일
금요일

튜플로 리스트 내 값을 여러 변수에 한 번에 대입할 수도 있다.

```
contact_info = ['555-0123', 'yugeon@example.com']
(phone, email) = contact_info
print(phone)
print(email)
```

출력 내용:
555-0123
yugeon@example.com

튜플 대입은 함수에서도 사용할 수 있다. 다음 예제는 함수에서 반환하는 튜플을 여러 변수에 바로 대입한다.

다음 예제는 max()와 min() 내장 함수를 사용한다. 내장 함수 max()는 주어진 입력 중 가장 큰 값을, min()은 가장 작은 값을 반환한다.

```python
def high_and_low(numbers):
    """가장 큰 수와 가장 작은 수 찾기"""
    highest = max(numbers)
    lowest = min(numbers)
    return (highest, lowest)

lottery_numbers = [16, 4, 42, 15, 23, 8]
(highest, lowest) = high_and_low(lottery_numbers)
print('가장 큰 수: {}'.format(highest))
print('가장 작은 수: {}'.format(lowest))
```

출력 내용:
가장 큰 수: **42**
가장 작은 수: **4**

for 루프에서도 튜플 대입을 사용한다. 다음 예에서 contacts 리스트는 여러 개의 튜플을 가진다. for 루프를 돌 때마다 contacts 리스트의 튜플 원소에서 값을 뽑아 name과 phone 변수에 대입하여 사용한다.

```python
contacts = [('유건', '555-0123'), ('은채', '555-0987')]
for (name, phone) in contacts:
    print("{}의 전화번호는 {}입니다.".format(name, phone))
```

출력 내용:

유건의 전화번호는 555-0123입니다.

은채의 전화번호는 555-0987입니다.

정리

- 튜플은 불변 리스트이며 한 번 정의하면 값을 바꿀 수 없다.

- 튜플은 del 구문으로 삭제할 수 있다. del 튜플_이름

- 내장 함수 list()를 사용하면 튜플을 리스트로 변환할 수 있다.

- 내장 함수 tuple()을 사용하면 리스트를 튜플로 변환할 수 있다.

- 튜플 대입을 여러 변수에 여러 값을 한번에 지정할 때 사용할 수 있다. (변수_1, 변수_N) = (값_1, 값_N)

- 튜플 대입은 for 루프에서 사용할 수 있다.

- 내장 함수 max()는 전달된 인자에서 제일 큰 값을 가진 원소을 반환한다.

- 내장 함수 max()는 전달된 인자에서 제일 작은 값을 가진 원소을 반환한다.

연습문제

공항 식별 코드

공항 이름과 코드가 들어있는 튜플을 원소으로 가지는 리스트를 만들어라. 리스트를 루프로 돌면서 튜플 대입을 사용해보라. 대입 시 공항 이름을 담을 변수와 공항 식별 코드를 담을 변수를 사용하라.

그리고 공항 이름과 코드를 스크린에 출력하라.

샘플 출력 내용:

인천 국제 공항의 식별 코드는 **ICN**입니다.

로스앤젤레스 국제 공항의 식별코드는 **LAX**입니다.

시애틀 터코마 국제 공항의 식별 코드는 **SEA**입니다.

덴버 국제 공항의 식별 코드는 **DEN**입니다.

해답

```
airports = [
    ("인천 국제 공항", 'ICN'),
    ('로스앤젤레스 국제 공항', 'LAX'),
    ('시애틀 터코마 국제 공항', 'SEA'),
    ('덴버 국제 공항', 'DEN')
]

for (airport, code) in airports:
    print('{}의 식별 코드는 {}입니다.'.format(airport, code))
```

참고자료

- `list()` 문서:

  https://docs.python.org/3/library/functions.html#func-list

- `max()` 문서:

  https://docs.python.org/3/library/functions.html#max

- `min()` 문서:

  https://docs.python.org/3/library/functions.html#min

- `type()` 문서:

  https://docs.python.org/3/library/functions.html#type

- `tuple()` 문서:

  https://docs.python.org/3/library/functions.html#func-tuple

8장_ 파일 읽기와 쓰기

여러분은 내장 함수 input()으로 표준 입력을 받는 법을 배웠다. 또 print() 함수를 사용하여 표준 출력 화면에 데이터를 전송하는 방법도 알고 있다. 특정 애플리케이션에서는 표준 입출력만으로도 충분하겠지만 만일 프로그램이 생성한 데이터를 계속 유지하고 싶다면 데이터를 보관할 장소가 필요하다. 반대로 저장한 데이터를 읽어오는 기술도 알아야 한다. 데이터를 저장하는 대표적인 방법으로 파일이 있다. 앞서 키보드 입력을 읽어 화면에 출력했던 것처럼 파일로부터 입력을 받거나 파일에 값을 출력하는 것 역시 가능하다.

파일 열기는 내장 함수 open()을 사용한다. 형식은 open(파일_경로)인데 파일_경로는 파일 이름을 포함하며 절대 경로와 상대 경로 모두 사용 가능하다. 절대 경로는 파일 시스템의 루트부터 시작하는 전체 경로를 의미하는데 맥이나 리눅스에서는 /로 시작하고 윈도우에서는 드라이브 이름으로 시작한다. 절대 경로의 예로는 /var/log/messages가 있다. 상대 경로는 현재 작업 디렉토리에서 시작하는 경로인데 파일 이름도 경로에 해당한다. 상대 경로의 예로는 현재 작업 디렉토리가 /var인 상태에서 log/messages를 사용하는 경우다.

유닉스나 이와 유사한 운영체제에서 작업해 본 사람이라면 디렉토리 구분자로 슬래시를 사용하는 데 익숙할 것이다. 특이하게도 파이썬은 윈도우 운영체제에서조차 디렉토리 구분에 역슬래시가 아닌 슬래시를 사용한다. 알다시피 윈도우 운영체제는 역슬래시를 디렉토리 구분자로 사용한다. 하지만 파이썬에서는 `C:/Users/jason/Documents/python-notes.txt` 같은 파이썬 절대 경로나, `Documents/python-notes.txt` 같은 상대 경로처럼 슬래시를 사용한 경로가 유효한 값이다.

`open()` 함수는 파일 객체를 반환한다. 스트림 객체라고도 하는데 이를 통해 `open()` 함수에 전달한 파일에 특정 작업을 수행할 수 있다. 파일 전체를 한 번에 읽을 때는 파일 객체의 `read()` 메소드를 사용하면 된다. `read()` 메소드는 파일 내용을 문자열에 담아준다. 다음 예를 보자.

```python
hosts = open('/etc/hosts')
hosts_file_contents = hosts.read()
print(hosts_file_contents)
```

출력 내용:

127.0.0.1 localhost

윈도우 시스템에서는 host 변수에 들어갈 경로로 `C:/Windows/System32/drivers/etc/hosts`를 사용한다.

```python
hosts = open('C:/Windows/System32/drivers/etc/hosts')
```

파일 위치

파이썬 프로그램은 파일의 읽은 위치를 기억한다. read() 메소드는 파일 전체를 읽기 때문에 읽은 후 위치는 파일의 끝부분이다. read()를 다시 호출하면 파일 끝부분에서 뒤로 더 읽을 내용이 없으므로 빈 문자열을 반환한다. 현재 파일 위치를 변경하려면 변경할 위치 값을 넣어 seek() 메소드를 호출한다. 예를 들어 파일의 처음 부분으로 되돌아 가려면 seek(0)을 호출한다. 파일의 다섯 번째 바이트에 가고 싶다면 seek(5)를 호출한다. 대부분의 경우 N번째 바이트는 파일에서 N번째 문자에 해당한다. 하지만 UTF-8 인코딩된 파일의 경우 한 글자가 1바이트보다 크다. 한국어나 일본어 그리고 중국어가 이에 해당한다. 파일에서 현재 위치를 알려면 tell() 메소드를 사용한다.

```
hosts = open('/etc/hosts')
print('현재 위치: {}'.format(hosts.tell()))
print(hosts.read())

print('현재 위치: {}'.format(hosts.tell()))
print(hosts.read())

hosts.seek(0)
print('현재 위치: {}'.format(hosts.tell()))
print(hosts.read())
```

출력 내용:
현재 위치: 0
127.0.0.1 localhost

현재 위치: 20

현재 위치: 0
127.0.0.1 localhost

read() 메소드는 몇 개의 캐릭터를 읽을 것인지를 인자로 전달할 수 있다. 다음 예는 hosts 파일의 첫 세 글자만 출력한다. 이 예에서는 첫 세 글자가 세 바이트에 해당한다.

```
hosts = open('/etc/hosts')
print(hosts.read(3))
print(hosts.tell())
```

출력 내용:
127
3

파일 닫기

사용하지 않는 파일을 닫아 두는 것은 좋은 습관이다. 만일 여러분의 파이썬 애플리케이션이 실행 중에 너무 많은 파일을 연다면 "Too many open files" 에러를 볼 것이다. 파일을 닫을 때는 파일 객체의 close() 메소드를 호출한다.

```
hosts = open('/etc/hosts')
hosts_file_contents = hosts.read()
print(hosts_file_contents)
hosts.close()
```

출력 내용:

127.0.0.1 localhost

각 파일 객체에는 closed 속성이 있는데 파일이 열려 있다면 False, 닫혀 있다면 True를 반환한다. 이 속성으로 파일이 닫혀 있는지 알 수 있다.

```
hosts = open('/etc/hosts')
hosts_file_contents = hosts.read()
print('File closed? {}'.format(hosts.closed))
if not hosts.closed:
    hosts.close()
print('파일 닫힘? {}'.format(hosts.closed))
```

출력 내용:

파일 닫힘? **False**

파일 닫힘? **True**

파일 자동으로 닫기

파일을 자동으로 닫으려면 with 구문을 사용한다. with open(파일_경로) as 파일_객체_변수_이름:처럼 쓴 후 코드 블록을 이어서 작성한다. 코드 블록이 끝나면 파이썬은 자동으로 파일을 닫는다. 예외나 기타 이유로 코드 블록에서 빠져 나와도 파일은 닫힌다.

```
print('파일 읽기 시작.')
with open('/etc/hosts') as hosts:
    print('파일 닫힘? {}'.format(hosts.closed))
    print(hosts.read())
```

```python
print('파일 읽기 종료.')
print('파일 닫힘? {}'.format(hosts.closed))
```

출력 내용:
파일 읽기 시작.
파일 닫힘? False
127.0.0.1 localhost
파일 읽기 종료.
파일 닫힘? True

한 번에 한 줄씩 읽기

파일 내용을 한 번에 한 줄씩 읽을 때는 for 루프를 사용한다. for 줄_변수 in 파일_객체_변수:처럼 작성 후 코드 블록을 이어서 작성한다.

```python
with open('file.txt') as the_file:
    for line in the_file:
        print(line)
```

출력 내용:
첫 번째 줄입니다.

두 번째 줄입니다.

드디어 파일의 세 번째 이자 마지막 줄입니다.

file.txt의 내용은 다음과 같다.

첫 번째 줄입니다.

두 번째 줄입니다.
드디어 파일의 세 번째 이자 마지막 줄입니다.

출력 내용을 보면 각 줄마다 빈 줄이 하나씩 더 들어가 있다. 이것은 line 변수가 캐리지 리턴이나 줄 바꿈 문자까지 포함된 문자열을 가지기 때문이다. 줄 끝의 공백이나 줄 바꿈 문자 그리고 캐리지 리턴을 제거하려면 문자열 메소드 rstrip()을 사용한다.

```python
with open('file.txt') as the_file:
    for line in the_file:
        print(line.rstrip())
```

출력 내용:
첫 번째 줄입니다.
두 번째 줄입니다.
드디어 파일의 세 번째 이자 마지막 줄입니다.

파일 모드

파일을 열 때 모드를 지정할 수 있다. open(파일_경로, 모드) 처럼 사용한다. 지금 까지는 모드를 명시하지 않아 기본값 r 모드인 읽기 전용으로 열었다. 파일이 이미 있다면 내용을 삭제 후 쓰기 모드로 열려면 w 모드를 사용한다. 새 파일에 쓰기 작업을 한다면 x 모드를 사용한다. 이 모드에서는 같은 이름의 파일이 존재하면 예외가 발생한다. 따라서 x 모드를 사용하면 기존 파일을 덮어 쓸 위험이 없다. 이미 있는 파일의 내용을 유지하고 파일의 끝 부분에 데이터를 추가하려면 a 모드를 사용한다. w 모드와 a 모드 모두 파일이 없을 경우 새로 만든다. 한 파일에서 읽기와 쓰기를 모두 한다면 + 모드를 사용한다.

모드	설명
r	읽기 전용(기본 값)
w	쓰기 전용. 기존 내용을 지운다.
x	새 파일을 쓰기 전용으로 열기
a	기존 파일이 있는 경우 맨 뒤에 추가
b	이진 모드
t	텍스트 모드(기본 값)
+	업데이트(읽기와 쓰기) 용도로 열기

파일을 텍스트 파일이나 이진 파일로 열도록 정할 수도 있다. 지정하지 않으면 텍스트 파일로 연다. 파일 형식 지정은 읽기나 쓰기 모드 뒤에 t나 b를 덧붙여 지정한다. 예를 들어 파일을 이진 모드로 읽으려면 rb를 사용한다. 이진 파일에 붙여 쓰기 하려면 ab를 사용한다.

텍스트 파일은 문자열을 가지고 있는 데 반해 이진 파일은 연속된 바이트 데이터가 들어 있다. 쉽게 설명하자면 텍스트 파일은 사람이 읽을 수 있지만 이진 파일은 읽을 수 없다. 이진 파일의 예로는 사진이나 동영상, 압축 파일이 있다.

파일이 어떤 모드로 열려 있는지 확인하려면 파일 객체의 mode 속성을 사용한다.

```
with open('file.txt') as the_file:
    print(the_file.mode)
```

출력 내용:
```
r
```

파일에 쓰기

각기 다른 파일 모드에 대해 배웠으니 이제 파일에 데이터를 써보자. 파일에 쓰고 싶은 텍스트를 파일 객체의 write() 메소드에 전달하는 것으로 쉽게 쓸 수 있다.

```
with open('file2.txt', 'w') as the_file:
    the_file.write('이 글자는 파일에 기록됩니다.')
    the_file.write('여기 텍스트가 조금 더 있어요.')

with open('file2.txt') as the_file:
    print(the_file.read())
```

출력 내용:
이 글자는 파일에 기록됩니다. 여기 텍스트가 조금 더 있어요.

출력 내용이 기대한 것과 다르다. write() 메소드는 인자로 전달한 내용 그대로 파일에 쓴다. 앞의 예제에서는 캐리지 리턴이나 줄 바꿈 문자를 전달하지 않았으므로 모든 텍스트를 한 줄에 기록한다. \r 표시는 캐리지 리턴을 의미하고 \n은 줄 바꿈 문자를 나타낸다. 이전과 동일하나 각 줄 끝에 줄 바꿈 문자를 사용한 다음 예제를 보자.

```
with open('file2.txt', 'w') as the_file:
    the_file.write('이 글자는 파일에 기록됩니다.\n')
    the_file.write('여기 텍스트가 조금 더 있어요.\n')

with open('file2.txt') as the_file:
    print(the_file.read())
```

출력 내용:
이 글자는 파일에 기록됩니다.
여기 텍스트가 조금 더 있어요.

유닉스 스타일의 줄 마침은 끝에 \n만 넣는다. 맥과 리눅스 파일도 동일하다. 윈도우 스타일의 줄 마침은 \r\n을 넣는다.

이진 파일

이진 파일에서 기억해 두어야 할 것 중 하나는 문자가 아닌 바이트를 다룬다는 사실이다. 이진 파일을 다룰 때 read() 메소드는 바이트만 처리한다. read() 메소드가 문자를 처리하는 경우는 파일을 텍스트 형식으로 연 경우만 가능하다는 사실을 기억하자.

```
with open('cat.jpg', 'rb') as cat_picture:
    cat_picture.seek(2)
    cat_picture.read(4)
    print(cat_picture.tell())
    print(cat_picture.mode)
```

출력 내용:

6

rb

예외

직접 작성하지 않은 외부 리소스와 함께 동작하는 프로그램은 에러나 예외를 만날 확률이 커질 수밖에 없다. 파일 작업이 이 부류에 속한다. 예를 들어 쓰려는 파일이 읽기 전용인 경우가 있다. 반대로 읽으려는 파일이 읽기 불가인 경우도 있다. 이전 장에서 배웠던 try/except 블록을 활용한 다음 예를 보자.

```
# 파일을 열고 내용을 변수에 담는다.
# 파일 열기가 불가능하다면 빈 변수를 만든다.
try:
    contacts = open('contacts.txt').read()
except:
    contacts = []

print(len(contacts))
```

출력 내용:

3

파일을 읽을 수 없다면 출력 내용은 다음과 같다.

0

정리

- 파일을 열 때는 내장 함수 open()을 사용한다. 형식은 open(파일_경로, 모드)이다.

- 파일 모드를 생략하면 읽기 전용 모드로 연다.

- 슬래시는 디렉토리 구분자로 사용하며 윈도우에서도 동일하다.

- 파일 객체 메소드 read()는 파일 내용 전체를 문자열로 반환한다.

- 파일을 닫을 때는 파일 객체 메소드 close()를 사용한다.

- 파일을 자동으로 닫으려면 with 구문을 사용한다. with open(파일_경로) as 파일_객체_변수_이름:처럼 쓰고 이어서 코드 블록을 작성한다.

- 한 번에 한 줄씩 읽으려면 for 루프를 사용한다. for 라인_변수 in 파일_객체_변수:처럼 사용한다.

- 문자열 맨 뒤의 공백을 제거하려면 문자열 메소드 rstrip()를 사용한다.

- 파일에 데이터를 쓰려면 파일 객체 메소드 write()를 사용한다.

- 파일이 이진 모드로 열리면 read() 파일 객체는 바이트를 인자로 받고 텍스트 모드로 열리면 read()는 문자를 받는다. 텍스트 모드가 기본 값이다.

- 영문의 경우 한 글자는 한 바이트지만 어떤 언어는 이와 다르다.
- 파일을 다룰 때는 예외를 염두에 두고 `try/except` 블록을 사용하자.

연습문제

줄 번호

파일 file.txt를 열어 각 줄의 내용을 줄 번호와 함께 출력하는 프로그램을 작성하라.

샘플 출력 내용:

1: 첫 번째 줄입니다.
2: 두 번째 줄입니다.
3: 드디어 파일의 세 번째 이자 마지막 줄입니다.

해답

```python
with open('file.txt') as file:
    line_number = 1
    for line in file:
        print('{}: {}'.format(line_number, line.rstrip()))
        line_number += 1
```

알파벳으로 정렬

animals.txt의 내용을 읽어서 각 줄이 알파벳 순으로 정렬된 animals-sorted.txt를 만들어라.

animals.txt 내용:

사람
곰
돼지
소
오리
말
개

프로그램을 실행하면 animals-sorted.txt의 내용은 다음과 같아야
한다.

개
곰
돼지
말
사람
소
오리

해답

```
unsorted_file_name = 'animals.txt'
sorted_file_name = 'animals-sorted.txt'
animals = []

try:
    with open(unsorted_file_name) as animals_file:
        for line in animals_file:
            animals.append(line)
```

```
        animals.sort()
except:
        print('{}를 열 수 없습니다.'.format(unsorted_file_name))
try:
        with open(sorted_file_name, 'w') as animals_sorted_file:
        for animal in animals:
                animals_sorted_file.write(animal)
except:
        print('{}를 열 수 없습니다.'.format(sorted_file_name))
```

참고자료

- 스트림을 다룰 때 사용하는 핵심 도구:

  https://docs.python.org/3/library/io.html

- 예외 처리하기:

  https://wiki.python.org/moin/HandlingExceptions

- open() 문서:

  https://docs.python.org/3/library/functions.html#open

9장_ 모듈과 파이썬 표준 라이브러리

모듈

파이썬 모듈은 .py 확장자를 가진 파일인데 속성(변수)이나 메소드 (함수) 혹은 클래스(타입)가 들어 있다. 다른 파이썬 프로그램에서 import 키워드 다음에 모듈 이름을 쓰면 그 모듈을 불러올 수 있다. time 모듈을 포함하려면 파이썬 프로그램에 import time이라고 쓰면 된다. 그러면 time 모듈의 메소드를 time.메소드_이름()으로 호 출할 수 있다. time.속성_이름처럼 모듈 내 속성이나 변수에 접근할 수도 있다. 다음 예는 time 모듈의 asctime() 메소드와 timezone 속성을 사용하고 있다. timezone은 초 단위의 UTC 표준시와 특정 지역의 시간 차를 가진다.

```
import time
print(time.asctime())
print(time.timezone)
```

출력 내용:
Mon Aug 25 19:08:43 2014
21600

코드에서 import 모듈_이름 구문을 사용하면 모듈의 모든 메소드를 모듈_이름.메소드_이름()처럼 호출하여 사용할 수 있다. 모듈의 특정 메소드만 사용하려면 from 모듈_이름 import 메소드_이름처럼 메소드 하나만 포함한다. 이 경우 모듈_이름.메소드_이름() 대신 짧게 메소드_이름()으로 호출한다.

```
from time import asctime
print(asctime())
```

출력 내용:
Mon Aug 25 19:08:43 2014

모듈 안의 속성이나 클래스에 대해서도 동일하다. 어떤 모듈 안의 여러 원소을 가져오고 싶다면 from 모듈_이름 import 메소드_이름 구문을 여러 줄에 걸쳐 작성한다. 쉼표로 구분하여 한 줄에 표시할 수도 있는데, from 모듈_이름 import 메소드_이름1, 메소드_이름2, 메소드_이름N처럼 사용한다. time 모듈의 asctime() 메소드와 sleep() 메소드를 가져와 보자. sleep() 메소드는 주어진 초 동안 프로그램 수행을 멈춘다.

```
from time import asctime, sleep
print(asctime())
sleep(3)
print(asctime())
```

출력 내용:
Mon Aug 25 19:08:43 2014
Mon Aug 25 19:08:46 2014

모듈에서 메소드 한 개나 몇 개만 지정해서 포함하는 방식은 코드에서 매번 모듈 이름을 명시할 필요가 없어서 편리하다. sleep(3)이 time.sleep(3)보다 낫다. 이 방법으로 모듈의 모든 내용을 불러오려면 사용할 메소드를 길게 리스트로 만드는 대신 * 표시를 사용한다. 하지만 그다지 권장하지는 않는다. 이런 식으로 모듈을 포함하는 코드를 이따금씩 볼지도 모른다. 하지만 이 방법은 이미 존재하는 함수나 변수를 덮어쓸 수 있어 좋지 않다. 모듈 여러 개를 이런 식으로 불러오면 어떤 메소드가 어떤 모듈에서 가져온 것인지를 구분하기도 어렵다.

```
from time import *
print(timezone)
print(asctime())
sleep(3)
print(asctime())
```

출력 내용:
21600
Mon Aug 25 19:08:43 2014
Mon Aug 25 19:08:46 2014

모듈 살펴보기

모듈 안에 어떤 속성이나 메소드, 클래스가 있는지 보려면 내장 함수 dir()을 사용한다.

```
>>> import time
>>> dir(time)
```

```
['_STRUCT_TM_ITEMS', '__doc__', '__file__', '__loader__',
'__name__', '__package__', '__spec__', 'altzone',
'asctime', 'clock', 'ctime', 'daylight', 'get_clock_info',
'gmtime', 'localtime', 'mktime', 'monotonic', 'perf_
counter', 'process_time', 'sleep', 'strftime', 'strptime',
'struct_time', 'time', 'timezone', 'tzname', 'tzset']
```

모듈 탐색 경로

모듈 탐색 시 사용하는 기본 경로는 sys.path를 보면 된다. import
모듈_이름 구문을 사용하면 파이썬은 자신이 가진 경로 리스트의 첫
번째부터 순서대로 모든 경로를 탐색하며 모듈을 찾는다. 경로는
디렉토리뿐 아니라 zip 파일도 포함한다. 파이썬은 zip 파일 내부까
지 일치하는 모듈이 있는지 찾는다. 기본 탐색 경로는 파이썬 설치
방식이나 버전 또는 운영체제에 따라 다르다. 다음은 맥에 설치된
파이썬의 경우다.

```
# show_module_path.py
import sys
for path in sys.path:
    print(path)
```

출력 내용:
```
/Users/j
/Library/Frameworks/Python.framework/Versions/3.4/lib/
python34.zip
/Library/Frameworks/Python.framework/Versions/3.4/lib/
python3.4
/Library/Frameworks/Python.framework/Versions/3.4/lib/
```

```
python3.4/plat-darwin
/Library/Frameworks/Python.framework/Versions/3.4/lib/
python3.4/lib-dynload
/Library/Frameworks/Python.framework/Versions/3.4/lib/
python3.4/site-packages
```

내가 python3 show_module_path.py를 실행했을 때 show_module_
path.py는 /Users/j에 있었다. /Users/j가 첫 번째 모듈 탐색 경
로임을 알아두자. 그 외의 다른 경로는 파이썬 설치 시 정해진다.

파이썬이 다른 위치에서도 모듈을 찾게 하려면 모듈 탐색 경로를
수정한다. 두 가지 방법이 있는데 하나는 sys.path에 추가하는
것이다. 문자열 데이터 타입으로 디렉토리 위치를 추가하는 예를
보자.

```
import sys
sys.path.append('/Users/jason/python')
for path in sys.path:
    print(path)
```

출력 내용:
```
/Users/j
/Library/Frameworks/Python.framework/Versions/3.4/lib/
python34.zip
/Library/Frameworks/Python.framework/Versions/3.4/lib/
python3.4
/Library/Frameworks/Python.framework/Versions/3.4/lib/
python3.4/plat-darwin
/Library/Frameworks/Python.framework/Versions/3.4/lib/
```

```
python3.4/lib-dynload
/Library/Frameworks/Python.framework/Versions/3.4/lib/
python3.4/site-packages
/Users/jason/python
```

두 번째 방법으로는 PYTHONPATH 환경 변수 수정이 있다. PATH 환경
변수와 유사하게 동작하며 맥과 리눅스에서는 콜론으로 구분된 디
렉토리 리스트를 PYTHONPATH에서 확인할 수 있다. PYTHONPATH의
디렉토리 리스트는 실행하려는 파이썬 스크립트가 있는 디렉토리
와 기본 모듈 탐색 경로 사이에 들어간다.

다음 예에서 show_module_path.py는 /Users/jason 디렉토리
에 들어 있다. 그리고 PYTHONPATH에는 /Users/jason/python과
/usr/local/python/modules가 들어 있다. export 명령을 사용하
면 셸에서 시작하는 모든 프로그램들이 PYTHONPATH를 사용할 수
있다.

```
[jason@mac ~]$ export
PYTHONPATH=/Users/jason/python:/usr/local/python/modules
[jason@mac ~]$ pwd
/Users/jason
[jason@mac ~]$ python3 show_module_path.py
/Users/jason
/Users/jason/python
/usr/local/python/modules
/Library/Frameworks/Python.framework/Versions/3.4/lib/
python34.zip
/Library/Frameworks/Python.framework/Versions/3.4/lib/
```

```
python3.4
/Library/Frameworks/Python.framework/Versions/3.4/lib/
python3.4/plat-darwin
/Library/Frameworks/Python.framework/Versions/3.4/lib/
python3.4/lib-dynload
/Library/Frameworks/Python.framework/Versions/3.4/lib/
python3.4/site-packages
[jason@mac ~]$
```

만일 탐색 경로에서 모듈을 찾지 못하면 ImportError 예외가 발생
한다.

```
import say_hi
```

출력 내용:
```
Traceback (most recent call last):
  File "test_say_hi.py", line 1, in <module>
    import say_hi
ImportError: No module named 'say_hi'
```

파이썬 표준 라이브러리

이전 예제에서 파이썬에 기본으로 포함된 time 모듈을 사용했다.
이 외에도 파이썬은 여러분이 사용할 수 있는 수많은 모듈을 라이
브러리로 제공한다. 때문에 직접 코드를 작성하기 전에 파이썬 표
준 라이브러리에서 어떤 라이브러리를 제공하는 지 꼭 살펴보기
바란다. 예를 들어 CSV(쉼표로 구분된 데이터) 포맷의 파일을 읽거
나 쓰고 싶다면 이미 있는 것을 다시 만드느라 시간 낭비하지 않기

를 바란다. 파이썬 csv 모듈을 사용하면 되기 때문이다. 프로그램에
서 로깅 기능이 동작하기를 바라는가? logging 모듈을 사용하자.
웹 서비스에 HTTP 요청을 던져 JSON 응답 데이터를 파싱하고 싶
은가? urllib.request와 json 모듈을 사용하자. 파이썬 표준 라이
브러리에서 제공하는 모듈 리스트는 https://docs.python.org/3/
library/에서 볼 수 있다.

프로그램 수행 시 에러를 만났다면 sys 모듈의 exit()로 프로그램
을 확실하게 종료하자. 다음 예제는 test.txt 파일을 연다. 만일 파
일을 열다가 에러를 만난다면 코드는 except: 이하 코드 블록을 수
행한다. 나머지 코드가 제대로 동작하기 위해 test.txt 파일을 정
상적으로 읽어야 한다면 에러 발생 시 코드를 더 실행할 필요가 없
다. exit() 함수는 종료 코드를 파라미터로 받는다. 인자가 없다면
기본 값 0을 사용한다. 프로그램이 에러로 인해 종료된다면 0이 아
닌 종료 코드를 사용하는 것이 일반적이다.

```python
import sys
file_name = 'test.txt'
try:
    with open(file_name) as test_file:
        for line in test_file:
            print(line)

except:
    print('{}를 열 수 없습니다.'.format(file_name))
    sys.exit(1)
```

나만의 모듈 제작

파이썬이 재사용 가능한 코드를 제공하듯 여러분도 그렇게 할 수 있다. 자신만의 모듈을 쉽게 만들 수 있다. 단순하게 생각하면 모듈은 .py 확장자를 가진 파일일 뿐이다. 파이썬 파일을 만들어 코드를 작성하고 다른 파이썬 프로그램에서 import로 불러온다.

다음은 say_hi.py의 내용이다.

```
def say_hi():
    print('안녕하세요!')
```

say_hi 모듈을 어떻게 불러오는지 다음 예를 보자. say_hi 모듈 안의 say_hi() 메소드를 호출하려면 say_hi.say_hi()를 사용한다.

```
import say_hi
say_hi.say_hi()
```

출력 내용:
Hi!

여기 또 다른 모듈 say_hi2가 있다. say_hi2.py의 내용은 다음과 같다.

```
def say_hi():
    print('안녕하세요!')

print('안녕하세요 say_hi2.py입니다!')
```

say_hi2 모듈을 불러 왔을 때 무슨 일이 일어나는지 보자.

```
import say_hi2
say_hi2.say_hi()
```

출력 내용:
안녕하세요 **say_hi2.py**입니다!
안녕하세요!

어떻게 동작한 것일까? say_hi2 모듈을 불러와 실행한 것인데 먼저 say_hi() 함수를 정의하고 다음으로 print 함수를 실행했다. 파이썬에서는 여러분이 프로그램을 실행할 때의 동작과 다른 파일에서 불러올 때의 동작을 다르게 지정할 수 있다. 만들어 놓은 파이썬 프로그램의 함수를 재사용하면서 동시에 파일 안의 main 프로그램은 실행하지 않게 할 수 있다.

main 사용

파이썬 프로그램을 실행하면 내부적으로 __name__ 이라는 특정 변수를 __main__으로 설정한다. 하지만 다른 프로그램에서 import로 불러들이면 __name__ 변수의 값은 설정되지 않는다. 이를 활용하면 작성한 파이썬 프로그램의 동작을 지정할 수 있다. say_hi3.py 파일 예제를 보자.

```
?def say_hi():
    print('안녕하세요!')

def main():
    print('안녕하세요 say_hi3.py입니다!')
```

```
    say_hi()

if __name__ == '__main__':
    main()
```

이 코드를 프로그램으로 실행하면 `if __name__ =='__main__'`: 다음의 코드 블록을 실행한다. 예제에서는 단순하게 `main()`을 호출하고 있다. 파이썬 애플리케이션 코드를 보면 자주 볼 수 있는 패턴이다. 다른 곳에서 say_hi3.py를 모듈을 불러들이면 명시적으로 호출하지 않는 한 이 코드 내의 아무것도 실행하지 않는다.

```
[jason@mac ~]$ python3 say_hi3.py
안녕하세요 say_hi3.py입니다!
안녕하세요!
[jason@mac ~]$
```

출력 내용:
안녕하세요!

정리

- 파이썬 모듈은 .py 확장자를 가진 파일이며 변수나 함수 혹은 클래스를 구현하고 있다.

- 모듈을 불러 오려면 `import 모듈_이름` 형식을 사용한다.

- 기본 모듈 탐색 경로는 파이썬 설치 시 결정된다.

- 모듈 탐색 경로를 바꾸려면 `sys.path`를 수정하거나 `PYTHONPATH` 환경 변수를 설정한다.

- 파이썬 표준 라이브러리에는 여러분이 작성한 파이썬 프로그램에서 재사용할 수 있는 상당한 양의 코드가 들어 있다.

- 모듈 안에 들어 있는 내용이 궁금하다면 `dir()` 내장 함수를 사용한다.

- 직접 모듈을 작성하여 자신만의 라이브러리를 만들 수 있다.

- `__name__` 값을 비교하여 작성한 프로그램을 실행할 때와 다른 프로그램에 의해 읽혀질 때 각각 다르게 동작하도록 할 수 있다.

- `if __name__ == '__main__':`은 파이썬에서 흔하게 볼 수 있는 관용 구문이다.

연습문제

다시 돌아온 고양이가 뭐라고 말했을까

1장에서 본 "고양이가 뭐라고 말했을까"를 업데이트해서 직접 실행할 수도 있고 모듈러 다른 곳에서 불러올 수도 있도록 해보자. 프로그램으로 동작할 때는 입력 프롬프트를 띄워 사용자 입력을 고양이가 말하는 것처럼 출력한다. 사용자가 입력한 내용은 말 풍선에 넣는다. 입력 값에 따라 말 풍선의 길이가 적당히 늘어나도록 만든다.

프로그램으로 동작할 때의 샘플 출력 내용:

```
        _____
     <  만져주면 가르랑 거릴 거예요.  >
        ----------------
```

```
       /
  /\_/\ /
 ( o.o )
  > ^ <
```

다음으로 cat_talk.py 프로그램을 만들되 cat_say 모듈을 불러오
도록 한다. 화면에 여러 메시지를 출력하도록 cat_say 모듈의 함수
를 사용하라.

```
       _____
   < 먹여주세요. >
       -----
       /
  /\_/\ /
 ( o.o )
  > ^ <
```

```
       _____
   < 쓰다듬어 주세요. >
       --------
       /
  /\_/\ /
 ( o.o )
  > ^ <
```

```
       _____
   < 가르랑. 가르랑. >
       ----------
       /
  /\_/\ /
 ( o.o )
  > ^ <
```

해답

cat_say.py 코드:

```python
def cat_say(text):
    """말하는 고양이 그림을 만든다. """
    text_length = len(text)
    print('                {}'.format('_' * text_length))
    print('             < {} >'.format(text))
    print('                {}'.format('-' * text_length))
    print('              /')
    print(' /\_/\    /')
    print('( o.o )')
    print(' > ^ <')


def main():
    text = input('고양이가 뭐라고 말하면 좋을까요?')
    cat_say(text)


if __name__ == '__main__':
    main()
```

cat_talk.py 코드:

```python
import cat_say


def main():
    cat_say.cat_say('먹여주세요.')
    cat_say.cat_say('쓰다듬어 주세요.')
    cat_say.cat_say('가르랑. 가르랑.')
```

```
if __name__ == '__main__':
    main()
```

참고자료

- `__main__` 문서:

  https://docs.python.org/3/library/__main__.html

- 파이썬의 관용적 비관용적 사용 예:

  https://docs.python.org/3/howto/doanddont.html

- 초보자를 위한 리눅스:

  http://www.linuxtrainingacademy.com/linux.

- `PYTHONPATH` 문서:

  https://docs.python.org/3/using/cmdline.html#envvar-
  PYTHONPATH

- 파이썬 표준 라이브러리:

  https://docs.python.org/3/library/

- `sys` 모듈:

  https://docs.python.org/3/library/sys.html

- `sys.path` 문서:

  https://docs.python.org/3/library/sys.html#sys.path

- `virtualenv` 문서:

  https://pypi.python.org/pypi/virtualenv

마치며

여러분은 이 책의 마지막 부분을 읽고 있다. 하지만 나는 여러분이 이제야 비로소 파이썬 여행을 시작했을 뿐이라 믿는다. 지난 십 년간 파이썬은 꾸준히 성장해 왔고 컴퓨팅 관련 영역의 전 분야에서 사용 빈도가 늘고 있다. 이제는 핀터레스트나 인스타그램 혹은 레딧 같이 파이썬으로 돌아가는 유명한 웹사이트를 쉽게 찾아볼 수 있다. 파이썬은 과학 분야에도 사용 중이며 세계의 여러 슈퍼 컴퓨터에서 동작 중이다. YUM이나 아나콘다는 각종 설정이나 패키지 관리 도구 같은 시스템 관리 업무에 파이썬이 사용되는 훌륭한 예로 볼 수 있다. 또 파이썬은 이브 온라인이나 툰타운 같은 유명한 게임을 만드는 데 사용하기도 하였다. 프로그래밍에 대한 여러분의 흥미나 관심이 어떤 것이든 배움과 탐험, 성장에 대한 가능성은 무궁무진하다.

자, 이제 마지막 프로그램을 만날 차례다.

```
import this
```

출력 내용:
파이썬의 도, 팀 피터스

추함보다 아름다움이 낫다.
암시보다 명확함이 낫다.
복잡함보다 단순함이 낫다.
난잡함보다 복잡하기만 한 것이 낫다.
중첩된 것보다 평평한 것이 낫다.
오밀조밀한 것보다 띄엄띄엄한 것이 낫다.
가독성은 언제나 가치 있는 것이다.
특수한 경우는 규칙을 어길 만큼 특수하지 않다.
하지만 실용적인 것이 순수함을 이긴다.
에러는 결코 조용히 넘어가면 안 된다.
명시적으로 조용히 넘어가게 되어 있다면 몰라도.
모호함에 직면하더라도 추측에 의존하려는 유혹을 이겨라.
언제나 무언가를 하는 방법은 가급적이면 정말 오직 한 가지뿐 이어야 한다.
당신이 네덜란드 인이 아닌 이상 비록 처음에는 바로 보이지 않더라도 말이다.
바로 지금이 제일 적절한 시기다.
비록 *바로 지금* 보다 아예 하지 않는 경우가 나을 때가 자주 있더라도.
만들어 놓은 것을 설명하기 어렵다면 좋은 아이디어가 아닐 수도 있다.
네임 스페이스는 정말 좋은 훌륭한 아이디어니 자주 사용하자.

참고자료

파이썬

처음부터 시작하는 파이썬 장고 배우기: 파이썬 장고가 생소하거나 익숙하게 다루지 못하고 있다면 이 사이트에서 심도 있게 배우기 바란다.

http://www.linuxtrainingacademy.com/django-scratch

초보자를 위한 파이썬: 파이썬의 기본부터 포괄적으로 다룰 뿐 아니라 디버깅과 파일 처리 같은 고급 영역까지 알려주고 있다. 등록하면 초보자를 위한 파이썬 13개 강좌를 수강할 수 있고 실습과 코드까지 볼 수 있다.

http://www.linuxtrainingacademy.com/python-video-course

루비와 루비 온 레일즈

아카데미X

http://www.academyx.com

쿠폰 코드 "cannon"을 사용하면 20% 할인이 가능하다! 아카데미 X는 루비와 루비 온 레일즈를 포함한 많은 강의를 제공한다. 샌프 란시스코나 새크라멘토 혹은 산호세와 로스엔젤레스, 샌디에고에 서 강좌를 찾고 있다면 방문해 볼 만 하다.

도조 코딩

http://www.codingdojo.com

제이슨 캐넌의 추천으로 코딩 도조에서 1000달러 할인을 받아보 자. 신청 시 "우리를 어떻게 알게 되었나요?"라는 질문에 "Jason Cannon"이라고 답하면 된다. 코딩 도조는 풀스택 코딩 부트 캠프 라 생각하면 된다. HTML, CSS, MySQL, PHP와 여러 데이터베이 스 기술, 루비 온 레일즈까지 배울 수 있다. 강좌는 워싱턴 주의 시 애틀과 캘리포니아 샌프란시스코에서 들을 수 있다.

메이커 스퀘어

http://www.makersquare.com

메이커 스퀘어는 텍사스주 오스틴과 캘리포니아 샌프란시스코에서 부트 캠프와 파트 타임 강좌를 제공한다. 멀리서 방문한 경우 숙박 까지 필요지 주선해준다. 메이커 스퀘어를 통해 지원자는 엔지니어 링의 기본 과정을 배우며 제이쿼리와 루비 온 레일즈 외 여러 기술을 다루는 법을 학습한다. 지원서의 "다른 곳에서 프로그래밍을 배워본 적이 있나요?"라는 질문에 "제이슨 캐넌의 학생이었습니다."라고 답하면 된다.

티리프 아카데미
http://www.linuxtrainingacademy.com/tealead

티리프 아케데미는 루비와 루비 온 레일즈 강좌를 4주에서 8주 정도 제공한다. 온라인 강좌를 제공하는 동시에 도움이 필요할 때 요청할 수 있는 강사들도 있다. 전문적인 수준의 개발자가 되기 위한 속성 과정을 찾고 있다면 티리프 아카데미를 고려해보라.

튜링
http://turing.io

튜링 소프트웨어 디자인 학교는 학생의 성공에 초점을 맞춘 비영리 단체다. 튜링에서 지원자는 테스트 주도 개발(TDD)과 루비 그리고 루비 온 레일즈 외 여러 가지를 배우게 된다. http://turing.io/에서 추천 코드 "cannon"을 통해 500달러의 수업료 할인을 받을 수 있다.

웹 개발

코더 복스
http://www.codervox.com

코더 복스는 텍사스 주 오스틴에서 진행하는 12주 동안의 프로그래밍 부트 캠프인데 PHP, HTML, CSS, 자바스크립트와 전문 웹 개발자가 사용하는 여러 도구들을 가르쳐 주는 강좌로 보면 된다. 내가 여러분을 추천했다고 말하면 250달러를 아낄 수 있다. http://www.codervox.com에서 "코더 복스를 어떻게 알게 되었나요?"라는 질문에 "Jason Cannon"이라 답하면 된다.

데브 마운틴

http://www/linuxtrainingacademy.com/

웹 프로그래밍이나 iOS 개발에 대해 종일 강좌나 방과 후 강좌를 통해 배워보라. 이곳의 강좌는 자바스크립트와 제이쿼리 그리고 앵귤러JS와 NodeJS를 포함한다. 유타주의 프로보와 솔트레이크 시티에 위치하고 있다. 자세한 정보는 사이트를 참조하자.

처음부터 시작하여 웹 개발자 되기

http://www.linuxtrainingacademy.com/web-dev

프로그램을 만들어 본 경험이 전혀 없더라도 웹 개발에 필요한 모든 것을 배울 수 있다! HTML과 XHTML, CSS와 자바스크립트에 대한 기본을 배울 수 있다. 또한, PHP와 MySQL, XML과 JSON을 포함하는 백앤드 개발까지 다룬다. 마지막에 가서는 AJAX와 제이쿼리, HTML5와 CSS3를 포함하여 프론트앤드 개발에 관한 모든 내용을 배우게 된다.

등록 상표

BSD/OS는 미국 및 그 밖의 나라에서 유효한 Berkeley Software Design 주식회사의 등록 상표다.

Linux®는 미국 및 그 밖의 나라에서 유효한 Linus Torvalds의 등록 상표다.

Mac과 OS X은 미국 및 그 밖의 나라에 등록된 Apple Inc.의 상표다.

Open Source는 Open Source Initiative의 등록된 인증 마크다.

Python®은 Python Software Foundation의 등록 상표다.

UNIX®는 The Open Group의 등록 상표다.

Windows®는 미국 및 그 밖의 나라에서 유효한 Microsoft Corporation의 등록 상표다.

이 외에 본문에 언급된 상품명은 해당 상품 소유주의 상표다.

찾아보기

 에이콘출판의 기틀을 마련하신 故 정완재 선생님 (1935-2004)

Python Programming for Beginners
개념을 꼼꼼하게, 파이썬 프로그래밍

인 쇄 | 2015년 11월 12일
발 행 | 2015년 11월 19일

지은이 | 제이슨 캐넌
옮긴이 | 현 동 석

펴낸이 | 권 성 준
엮은이 | 김 희 정
　　　　안 윤 경
　　　　오 원 영
표지 디자인 | 한국어판_이승미
본문 디자인 | 공 종 욱

인쇄소 | 한일미디어
지업사 | 신승지류유통(주)

에이콘출판주식회사
경기도 의왕시 계원대학로 38 (내손동 757-3) (16039)
전화 02-2653-7600, 팩스 02-2653-0433
www.acornpub.co.kr / editor@acornpub.co.kr

이 도서의 국립중앙도서관 출판시도서목록(CIP)은 서지정보유통지원시스템 홈페이지(http://seoji.nl.go.kr)와
국가자료공동목록시스템(http://www.nl.go.kr/kolisnet)에서 이용하실 수 있습니다.(CIP제어번호: CIP2015030731)

책값은 뒤표지에 있습니다.